抱团发展　越走越好

——贵州省乡村名师滕宇工作室实践探索

滕宇　滕建猛◎著

黄河出版传媒集团
阳光出版社

图书在版编目（CIP）数据

抱团发展 越走越好：贵州省乡村名师滕宇工作室实践探索 / 滕宇，滕建猛著. --银川：阳光出版社，2024. 11. --ISBN 978-7-5525-7593-4

Ⅰ. G4-53

中国国家版本馆 CIP 数据核字第 2025UC5892 号

抱团发展 越走越好

——贵州省乡村名师滕宇工作室实践探索 滕宇 滕建猛 著

责任编辑 丁丽萍
封面设计 科鹏文化
责任印制 岳建宁

黄河出版传媒集团
阳 光 出 版 社 出版发行

出 版 人 薛文斌
地 址 宁夏银川市北京东路 139 号出版大厦（750001）
网 址 http：//www.ygchbs.com
网上书店 http：//shop129132959.taobao.com
电子信箱 yangguangchubanshe@163.com
邮购电话 0951-5014139
经 销 全国新华书店
印刷装订 四川科德彩色数码科技有限公司
印刷委托书号 （宁）0031338

开 本 880 mm×1230 mm 1/32
印 张 9.5
字 数 240 千字
版 次 2024 年 11 月第 1 版
印 次 2024 年 11 月第 1 次印刷
书 号 ISBN 978-7-5525-7593-4
定 价 58.00 元

致敬乡村教育的守梦人

孙向阳

我是地道的盘信人。小学在盘信镇新场完小读书,初中从盘信民族中学毕业。1998 年大学毕业后,又回到了母校盘信民族中学教了三年书。真正离开盘信,是 2004 年。可以说,是盘信人民养育了我。我对盘信有着深深的眷恋之情,更对曾经教过我的中小学老师有着深深的敬意和感恩。也曾写过《我的故乡是新场》《我与盘中的二度情缘》等小文章,表达我的眷恋之情和感恩之心。我曾想,如果没有无数如我的中小学老师们一样扎根盘信默默奉献的乡村教师,我的人生会是怎样的?家乡的教育和经济发展又会是怎样的?答案其实很清楚。没有一代又一代乡村教师的无私奉献和默默坚守,我的人生将会是另一番景象,如今的盘信也将会是另一个盘信。正是这一代又一代对乡村教育有着深厚情怀的守梦人,才撑起了盘信基础教育的蓝天,成就了无数盘信儿女的梦想。

建猛属于我的学生辈。我这样说是有依据的。我当时在盘信民族中学教书时,是教高中。那时,建猛正在盘信民族中学读初中。我并没有直接教过建猛,也不敢随便好为人师。但建猛很尊敬我,总是对我以老师相称。时间一久,心里也就默认他是我的学生了。建猛除了教书,还十分喜欢文学,并且还在文学创作上取得了不俗的成绩。我个人喜欢以文会友,加之又有一层师生缘,彼此就成了比较熟络的朋友。我编撰《守望晨光——铜仁学院校友佳作选》时,约他写了《这世间,总有一处风景是属于你的(外六首)》。他出版的散文集《岁月如歌》,也有一篇与我有点关系的文章,叫《新场在一个向阳的地方》。

2024年春节之后的某一天,建猛突然通过微信给我发了一部书稿,并留言说,想请我给写个序。我当时就回复说,我能力有限,很少给别人写序,怕不能完成。但经不住建猛的执意坚持和真诚相邀,我便硬着头皮答应下了这件事。谁知,当我在电脑上大致浏览了这部扎实厚重的《抱团发展　越走越好——贵州省乡村名师滕宇工作室实践探索》后,有点后悔了。我虽然在盘信民族中学教过三年高中,但对乡村教育完全是个门外汉,更是缺乏对乡村教育的系统研究。面对着这样一部由乡村名师滕宇工作室团队编撰的基础教育研究成果,我哪有资格说三道四?但君子一言,驷马难追,便只好安下心来,先把书稿读完了再说。

当我读完书稿,掩卷沉思时,我被深深打动了,一种敬佩之情油然而生。说实话,打动我的不是书中优美的语言,而是语言文字背后一个个感人至深的教育故事和那种对乡村教育的真挚情怀。贵州省乡村名师滕宇工作室所有成员,为了乡村教育的发展,抱团取暖,默默坚守,无私奉献。他们一起搞活动,做课题。他们白天上课,晚上备课。他们踏踏实实做事,认认真真上课。他们步履匆匆,他们目光坚毅。他们任劳任怨,他们为爱坚守。他们与阳光同行,他们让心灵绽放。他们胸中有火,点燃了乡村教育的希望。他们眼里有光,让无数孩子有了前行的方向。他们既平凡,又伟大。他们教学科研并举,硕果累累。向他们祝福!他们是新时代的教育者,是乡村教育的守梦人,向他们致敬!

是为序。

(孙向阳,男,南京大学博士,铜仁学院教授,硕士研究生导师。现任铜仁学院人文学院党委书记、院长,写作研究院院长)

目录

教学设计

教育故事

研修所得

活动掠影

课题研究

附　录

教学设计

《身边的“小事”》教学设计

【设计理念】

口语交际教学理论强调口语交际教学特别要考虑学生言语意向的实现能力以及自然深入的会话能力，提高会话的能力，强化对方反应的能力等，这才是以交际为目的的口语交际教学。因此，本课的设计就是在一个个活动中让学生自主探索如何去说“身边的‘小事’”，同时，很多人谈“身边的‘小事’”。

【教材分析】

本单元口语交际话题是“身边的‘小事’”，引导学生观察身边的“小事”，清楚地表达自己的看法，并汇报小组意见，与其他小组交流，旨在提升学生表达自我的能力，将学生的视野拓展到广泛的社会生活中。标题在“小事”一词上加引号，隐含了事小意义大的价值导向。教材提供了与学生的生活紧密联系的4幅情境图，帮助学生勾连生活，唤起回忆。

【教学时间】

1课时。

【教学过程】

（一）课前游戏，渗透习惯

课前谈话：“倾听我最棒！”

课件播放：一条条公益用语，请同学听后复述。课前小游戏，给我们的思维热热身。听！而后准确说出来。

呀！说得真准确，采访一下，他们为什么会说得如此准确？认真听，是的，这是非常好的学习习惯。好习惯继续保持！

（设计意图：课堂教学的成功与否，看孩子是否有积极性和主动性，并有良好的口语交际习惯。课前小游戏“倾听我最棒”既调动了学生兴趣、铺垫了文明行为标准，又扶正了倾听这一良好的学习习惯。为整节课做好了铺垫）

（二）评说图片，学说小事。导入揭题，解决说什么、怎么说

1. 摄影作品展播。“镜头传递文明，与和谐温暖同行”，文明随手拍校园摄影作品展火热进行中，一时间看到了许许多多具有爱心，维护文明的同学摄影作品。同学们看！

（1）说事情。（出示一组画面）你看到谁？在做什么？教师示范评价“说得真清楚”引导学生得出“说事情”并板书。

（2）说看法。第二幅图，你又看到了什么？他做得对吗？为什么？（咦，刚才这位同学除了说事情还说了什么？）顺势得出“谈看法”并板书。

2. 解读“小事”。这一桩桩一件件都是发生在我们身边，在举手投足之间就完成的，所以我们称之为小事（板书小事），可是，这些小事却以不同的方式影响着我们的生活，折射出做人的大道理，所以小事不小。（板书小事加双引号）

3. 揭示课题。你在生活中见过类似的“小事”吗？今天我们就来说说身边的“小事”，板书课题。

4. 教师范例引路。（设计意图：勾连生活，唤起回忆。步步为营引导学生探索“身边的‘小事’”怎么说。板书要领“说事情”“谈看法”）

（三）范例引路，生生练习

1. 指导学生练习说，个人说，评价。

2. 同桌说。初步练习复述别人的看法。

(1) 指导两对同桌示范说。

(2) 全班开展同桌之间说，并征求同桌看法后班级交流复述给大家听。学生用“说得清楚”“说得有理”“说得响亮”评价小组内说“小事”谈看法，并总结复述组员的看法。

（四）交流展示，评价提升

设置情景。

1. (课件出示) 身边不文明的行为。

随地大小便　乱扔垃圾　随地吐痰

在公共汽车上不让座　在墙上涂鸦　乱闯红绿灯

在公共厕所用完后不冲水　小摊小贩占道经营　语言不文明

毁坏公共设施　浪费水、电、粮食　踩踏绿地

见到老师不主动打招呼　破坏学校的环保标语牌……

让学生说说这些属于什么行为？谈谈看法。

教师小结，升华感情：俗话说“国有国法，家有家规上”，我们生活在这个充满规则的社会大家庭中，为了每个人都各安其所，就要有各种准则来约束我们的行为。有了规则，遵守规则，人们才能和谐有序地生活。如果不遵守游戏规则，朋友就不会欢迎你；如果不遵守道德规则，就不会受到别人的尊重；如果不遵守交通规则，也可能会留下终生的遗憾……

2. (课件出示) 令人感到温暖的行为。

随手捡拾垃圾　帮助有困难的人　随手关掉水龙头

在公共汽车上主动让座　语言文明　爱护小动物

见到老师主动打招呼　维护学校的环境卫生 ……

教师小结，升华感情：我们身边有许多好事可以做，只要我们留心观察、愿意去做，就会发现不论在学校、在家里，或是在其他地方能做的好事很多很多。只要我们有做好事的意识，处处留心，好事就在我们身边，我们要从身边的小事做起，说文明话，行文明事，做文明人。用我们有爱心的行动去温暖身边的人。

板书设计：

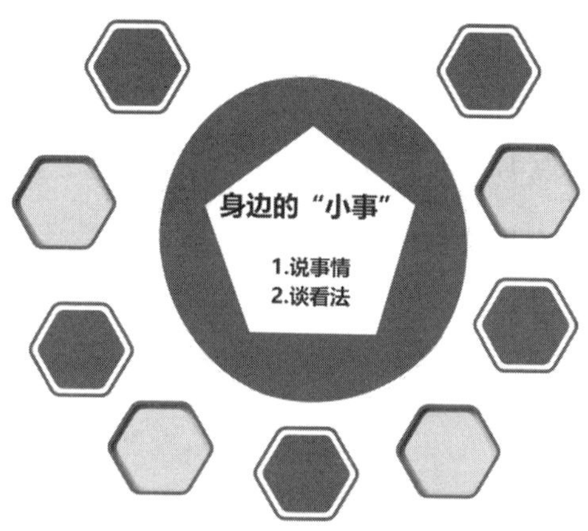

《续写故事》教学设计

【教学要求】

1. 认识续写的相关知识；学习编写习作提纲；积累把一件事写清楚、写具体的方法。

2. 培养学生的想象力和创造性思维。

3. 培养学生良好的习作习惯及思维方式。

【教学重点】

引导学生合理编故事。

【教学难点】

培养学生合理的想象力。

【教学准备】

说话挂图及多媒体课件。

【教学过程】

(一) 思维训练，认识“续写”

1. 老师给大家带来两个句子，请你们发挥想象，将句子补充完整。（出示扩句）

(1) 春天到了，______________________________。

(2) “啪”，花瓶打碎了，我__________。

小结：春天的景物是什么样的？花瓶打碎和我有什么关

系？接下来会发生什么？

2. 引导学生想象填充。

过渡：刚才我们是进行扩句训练，大家凭借生活经验和丰富的想象力把句子补充完整。今天咱们要完成的作文——续写形式跟扩句相似，不过有一定难度。我们先来看看什么是续写？

（课件出示）续写就是抓住“续”字，在原文的基础上想象和推测，接着原材料的故事情节延伸下去，直至完成一篇完整的作文。

（二）提炼要点，明确要求

1. 引申读课本的习作要求。

下课后，同学们都围在一起聊天。朱小英说：“我上个星期过生日，妈妈给我买了一个很大的生日蛋糕。”贾云也说：“我也刚满九岁，全家人一起给我庆祝了生日。我真是太开心了。”大家聊得正高兴，却没有注意到一旁的李晓明同学一直不说话，原来今天正好是他的生日……以上这段话只讲了故事的开头，没有详细地讲述事情后来怎样了，结果又是怎样的。请你根据自己的想象，把事情的经过和结果写清楚、写具体。

思考：从习作要求中你弄懂了什么？

2. 教师引导归纳出示。

（1）范围：记事材料作文（给出开头，续写经过，结果）

（2）顺序：按事情发展的顺序

（3）要求：展开想象；写清楚；写具体

（三）创设情景，师生续编故事

1. 出示语言片段：（既然根据材料续编故事，那么我们就得弄清材料内容）下课后，同学们都围在一起聊天。朱小英说："我上个星期过生日，妈妈给我买了一个很大的生日蛋糕。"贾云也说："我也刚满九岁，全家人一起给我庆祝了生日。我真是太开心了。"大家聊得正高兴，却没有注意到一旁的李晓明同学一直不说话，原来今天正好是他的生日。只见他默默地回到座位上，皱着眉头在想着什么……

2. 研读材料：从这段话中，你了解了些什么？（四要素：时、地、人、事）。

同学们，想一想，接下来会发生什么事呢？结果又会怎样？今天咱们一起把故事编下去。小结：在续写之前我们首先要（板书：厘清线索）。

3. 师生口头共同续编故事。

（1）出示：下课后，同学们都围在一起聊天。朱小英说："我上个星期过生日，妈妈给我买了一个很大的生日蛋糕。"贾云也说："我也刚满九岁，全家人一起给我庆祝了生日。我真是太开心了。"大家聊得正高兴，却没有注意到一旁的李晓明同学一直都没有说话，原来今天正好是他的生日……(过渡）在续写过程中，除了厘清线索之外还要对发生的事情进行。李晓明今天生日，他却在听到同学们的话之后一直没有说话，你们猜猜他为什么不说话呢？仔细观察第二幅图，想一想，李晓明此时的心情？结合课本第三幅图，猜一猜，他此时不说话的原因，把它写下来。

（2）出示第三幅图，同学们商量要为李晓明庆祝生日，那他们会准备些什么呢？他们又会对他说些什么呢？李晓明在同学们的祝福中，又会有怎样的表现呢？学生思考交流，然后把讨论的内容写下来。

过渡：根据图片的提示，我们每个人所想到的事情都不相同，请大家充分发挥聪明才智，根据材料内容展开合理想象。

（四）各抒己见，发散思维

出示讨论提示：（1）李晓明听到同学们的聊天会有怎样的想法？（2）同学们如何准备李晓明的生日会？（3）李晓明的心情会发生怎样的变化？（4）结局如何？（5）我有什么感受或收获。

（五）学生习作

（六）板书设计

《詹天佑》教学设计

【教学目标】

1. 了解杰出的爱国工程师詹天佑的事迹，知道詹天佑是一位杰出的爱国工程师，培养热爱祖国、立志为祖国作贡献的思想感情。

2. 理解两种开凿隧道的方法的好处以及“人”字形路线设计的妙处，体会詹天佑的爱国热情和创新精神以及他不怕艰难困苦的坚强意志。

3. 理解课文内容，用课文中重点词语给铁路命名。

【教学重点】

詹天佑是怎样克服修筑京张铁路的困难的。

【教学难点】

开凿隧道的两种方法以及“人”字形路线设计的科学性。给铁路命名，并说出命名的理由。

（一）谈话激趣

同学们，我们回忆一下：第一条由我们中国工程技术人员设计施工并胜利竣工的铁路是哪一条？它是由谁设计施工并提前两年竣工的？修建京张铁路的事迹，表现了詹天佑杰出的才干和强烈的爱国主义精神，显示了中华民族的智慧和力量。

铁路竣工当天，一家影响力很大的报纸在头版头条刊登这样一则启事（课件展示：路名征集启事　詹天佑修建京张铁路的背景）。

（二）新授

1. 提示。

师：在这样的条件下，詹天佑受命于危难之际，毅然决然投身于京张铁路的建设。要给铁路命名，同学们有什么建议？我建议请同学们仔细阅读课文，结合课文重点词语给铁路命名，等一下我们以新闻发布会的形式展示我们的成果。

2. 默读思考。

詹天佑勘测线路时说的、做的、想的体现他什么样的精神？（体现了詹天佑严谨认真的工作态度和身先士卒的品质及强烈的爱国主义精神）

3. 新闻发布会开始。

路名设计者为主发言人，说明命名的理由，其他同学都是小记者，可以质疑、补充。

根据对詹天佑“从两端同时向中间凿进”和“竖井开凿法”的理解，在工具单上作图，完成工具单第四环节作图部分练习。重点理解“没有出生”和“回击”。

4. 评出最佳路名。

（三）课堂总结

京张铁路在詹天佑强烈的责任感和爱国主义精神的感召下提前两年竣工了，京张铁路的成功修建具有什么意义呢？（京张铁路的成功修建给了藐视中国的帝国主义一个有力的回击；显示出了我国劳动人民的智慧和力量）

思考：在你眼中，詹天佑是一个什么样的人？（詹天佑是一个具有责任感与使命感的人，是一个工作严谨认真的人，是一个具有强烈爱国主义精神的人，是一个伟大的勇于创新

的具有杰出才干的爱国工程师）

詹天佑在帝国主义阻挠、要挟和复杂的地形条件下毅然接受任务，他这种崇高的爱国主义精神，不正是我们学习的榜样吗？他用杰出的才能和高度的智慧首创了世界绝无仅有的“人”字形线路，采用新方法开凿隧道，成功地修筑了我国第一条铁路，在我国铁路建筑史上写下了光辉灿烂的一页，这不正是我国人民无穷智慧的佐证吗？有这样杰出的爱国工程师，是我们每一个中国人的骄傲和自豪！让我们深情地呼唤这个伟大而光荣的名字——詹天佑。

（四）作业布置

1. 搜集有关爱国主义方面的名人事迹。

2. 搜集有关爱国的诗句，互相交流。

（五）书目推荐（课件展示）

（六）板书设计

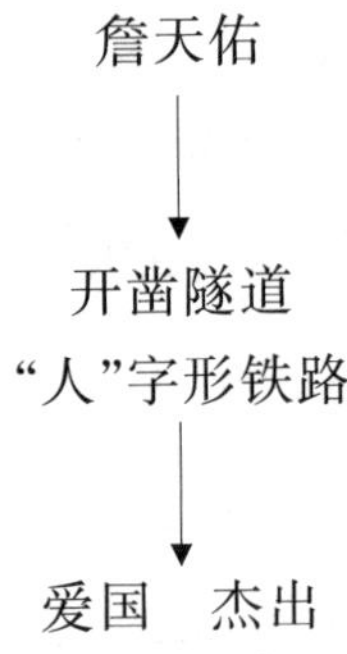

《口语交际：说说我自己》教学设计

【教学目标】

1. 能抓住自己的特点，准确地向别人介绍自己，敢于说出最真实的自己。

2. 创设情境，通过听说问评等活动引导学生在交际中把自己的有关情况介绍给别人。

3. 培养学生乐于交往，敢于表达的品质。

【教学重难点】

让学生抓住自己的特点向别人介绍，敢于说出最真实的自己。

【教学课时】

1 课时。

【教学准备】

圆珠笔几支、多媒体课件、教学挂图。

【教学过程】

（一）创设情境，激趣导入

1. 你们喜欢齐天大圣孙悟空吗？（喜欢）

（出示孙悟空的图片）今天，老师把他请到了我们教室里，看，机灵的悟空来了，他还请我给他做代言人呢，请听好：我叫孙悟空，长得很丑，尖嘴猴腮，我会驾筋斗云，我有一双火眼金睛，什么妖魔鬼怪都逃不出我这双眼睛。

2. 让我们用掌声欢迎悟空吧！

短短的一段话，孙悟空便向我们做了自我介绍，你发现他都向我们介绍了自己的哪些方面？（根据学生说的相机板书：外貌、特长）

同学们一下子说了这么多，真不错，猪八戒看到大师兄和同学们玩得这么开心，他也很想和你们一起玩，你瞧，他也给我们做自我介绍呢？（介绍内容同对孙悟空的介绍一样）听到猪八戒的自我介绍，同学们忍不住笑起来。你们笑什么呢？（学生举手说出答案）

师：我听明白了，地球人都知道，这些特点都是谁独有的？（孙悟空）

师：所以我们在介绍自己时一定要准确地说出自己的特点，不然就会被人笑话。（板书：特点）

（二）明确口语交际要求

1. 自读课本中本次口语交际的基本要求，用笔在关键处做标记。（师巡视中表扬做标记的同学）

2. 举手说说要求。（师相机板书；爱好　优缺点　说真话）

3. 老师课件出示说听评的要求。（说——抓特点　听——要注意，做补充　评——有针对，有启发）

（三）介绍自我，秀出我自己

1. 师：有说才有听，有听才有评，我们首先来说吧。如果让你选一两个词语来形容你的特点，你会用哪些词呢？（学生举手回答：大胆，独立……）这里师可先做示范，再根据学生说的点评属于性格特点，外貌特点……

2. 我们常说，有了关键词，还得用实事说话，到底哪些

事例能突出你的这些特点呢？（小组之间先进行交流，然后让学生上台说）

（四）游戏活动——掀起你的盖头来

1. 老师生欣赏歌曲掀起你的盖头来，进入游戏环节。

2. 学生动手写一写自己，老师强调抓住别人的特点来写，要说真话。

3. 让学生上台说。

（五）课堂总结，回顾梳理

孩子们，今天的口语交际有意思吗？你都收获了什么呢？和你们一起学习我真开心，你们开心吗？（根据学生回答相机画出笑脸）

（六）板书设计

说说我自己

外貌　特长　爱好

《再见了，亲人》第二课时教学设计

【教学目标】

1. 理解课文内容，体会中朝人民用鲜血凝成的伟大友谊，从中受到国际主义教育。

2. 抓重点词句，体会作者是怎样围绕中心进行表达的，在前三个自然段中选一段背下来。

3. 有感情地朗读课文，启发学生展开想象，培养学生的感悟能力和创造能力。

【教学重难点】

1. 领悟作者选择典型材料表达中心的方法，体会中朝人民用鲜血凝成的友谊是伟大的。

2. 培养学生自主学习意识，学习做课堂学习的主人。

【教学过程】

（一）整体感知、明确重点

1. 出示图片（松桃县龙世昌广场的龙世昌雕塑图片）。

师：提问，你知道图片上的雕塑在哪里吗？这个人是谁呢？

生：回答。

师：对了，这就是我们家乡牺牲在朝鲜战场的二级战斗英雄龙世昌，家乡人民为了纪念他，修建了世昌广场。今天，我们学习的课文就是发生在中朝两国人民之间的动人故事。

2. 通过上节课的学习，我们初步感知了课文内容，今天，我们继续深入理解课文，请大家跟着我一起板书课之题目《再见了，亲人》，并齐读两遍。

（二）读悟学法、理解重点

1. 听写词语。

战役　情谊　噩耗　大嫂　同归于尽　雪中送炭

2. 了解学生，确定精读重点。

(1) 自由快速浏览前三个自然段，选择自己最受感动的段落。

(2) 课文把谁说成是亲人呢？只有这三个亲人吗？

大娘、大嫂、小金花，她们是朝鲜人民的代表。

3. 精读重点段。

(1) 大娘为我们做了什么呢？请你画出重点语句和词语。

(2) 学生自读、自画、思考。

送打糕　昏倒在路旁

救伤员　失去小孙孙

(3) 找出令你感动的句子，并思考你是怎样理解的，读出受感动的语气。

(4) 指名有感情地朗读这一自然段，体会思想感情。

(5) 领悟学法：

刚才我们怎样理解这段内容？

4. 学法迁移，自学另外两个自然段。

(1) 按照刚才的学习思路，老师相信你们一定能读懂其他两段的内容。

(学生自读自悟，然后小组交流)

(2) 质疑。

小金花又为志愿军做了什么呢？(救老王，失去妈妈)

(3) 你是抓住哪些重点句子理解的呢？（请学生回答）

(4) 大嫂为志愿军付出了什么样的代价呢？（挖野菜，失去双腿）

(5) 教师点拨。

同学们，读了这些感人的故事，你知道志愿军为什么称朝鲜人民为亲人吗？

(6) 1、2、3 自然段在写法上有什么特点呢？

5. 以读代讲、读中悟情（读最后三个自然段）。

(1) 引读。

师：志愿军和朝鲜人民共同战斗生活了八年，此刻，他们坐在已经开动的回国的列车上，望着车窗外泪流满面的亲人，他们不得不挥挥手，做最后的告别……

生："再见了，亲人！再见了，亲爱的土地！"

师：他们多么希望时间能停下来，多么希望列车能停下来，他们呼唤列车——

生："列车呀，你慢点开，让我们再……再停留片刻！"

师：然而，列车越开越快了，离朝鲜的亲人越来越远了。他们只能在内心深处对亲人们说——

生："再见了，亲人！我们的心永远跟你们在一起！"

(2) 自由读，想象场面，领悟情感。通过咱们刚才的对话，很自然地想起当时那难忘的场面，你认为当时的场面可以用哪几个词来形容呢？

（三）拓展延伸

1. 你还知道哪些抗美援朝的英雄人物呢？

(1) 黄继光。

(2) 邱少云。

2. 出示学校每年清明节给烈士扫墓的图片。

每到清明节，我们都要到盘信革命烈士陵园去扫墓，缅怀革命英雄。希望大家珍惜今天来之不易的幸福生活，树立远大的理想，并付出行动，让我们的理想变成现实。

（四）自主练习、创造想象

1. 导语。

中朝两国人民用鲜血凝结成的友谊比山还高、比海还深。

2. 小练笔：挑选一件志愿军战士为朝鲜人民做的事，展开想象，写几句话。

3. 学生自练，然后小组交流。

4. 典型汇报。

（五）课堂总结、布置作业

1. 背诵自己喜欢的段落。

2. 把学习这篇课文的感想写在日记中。

（六）板书设计

再见了，亲人

大娘　送打糕　昏倒在路旁　救伤员失去小孙孙　比山还高

小金花　救老王　牺牲妈妈

大嫂挖野菜　失去双腿　比海还深

《可贵的沉默》教学设计

【教学简析】

这篇精读课文的主要内容是：上课时，老师从孩子们那里了解到，几乎所有的爸爸妈妈都知道自己孩子的生日并向他们祝贺，孩子们因此而感到骄傲和快乐；知道爸爸妈妈生日的孩子只有几个，而没有一个孩子向爸爸妈妈祝贺生日。强烈对比之下，孩子们沉默了，老师抓住这一契机，引导孩子们懂得了要关心父母，并学会以行动回报父母对自己的爱。

【教学目标】

1. 会认 9 个生字，会写 14 个生字，正确读写“祝贺、神气十足、左顾右盼、迅速、蕴藏、重复、安静、沉静、缓和、外婆、建议、惊喜、表达、烦恼、享受”等词语。

2. 正确、流利、有感情地朗读课文。

3. 读懂课文内容，学会感受父母对自己的爱，懂得关心父母，关心别人。

4. 体会抓住人物的神态、动作进行生动描写的方法，抄写自己喜欢的词语、句子。

【教学重难点】

课文以课堂教学进程为线索，以师生对话交流为主要形式，以孩子们的情绪变化为描写的主要内容：由兴奋、快乐到沉默，又从沉默渐渐回到热闹。抓住人物的神态、动作进行细致、生动地描述从而再现场景，是本课一个突出的特点。理解孩子们的情绪变化，懂得关心别人是本课的教学重点；体会沉默的可贵是本课的教学难点。

【教学过程】

（一）出示蛋糕，激趣导入

出示蛋糕，最近几天谁过生日了？（孩子们的情绪一下子被调动起来，纷纷举手）这节课，我们学习的课文也与过生日有关，请大家齐读课题《可贵的沉默》。

（二）检查预习情况

1. 检查字词掌握。出示课件，学生读字词。

2. 检查课文预习情况。提问，课文先讲了什么？再讲了什么？最后讲了什么？（可以照着预习导学案读）

3. 预习了课文，你还有哪些不懂的问题吗？（学生质疑）

（三）精读课文，答疑解惑

1. 沉默前。

（1）（出示第一幅图）看到这幅图，你会想到哪些词语？从书中找出描写孩子们快乐激动的句子，同桌互相读一读。读出你的感觉。

（2）交流找到的句子。（他们骄傲地举起了手，有的还神气十足地左顾右盼。前排的孩子都回过头……父母的祝福等等。指导朗读：注意读出：三个越怎么样越怎么样。）

（3）模拟情景表演。

师：同学们读得这么棒，我也想读读。这样吧，我们进行情景模拟表演。

师：爸爸妈妈知道你的生日在哪一天吗？生日那天，爸爸妈妈向你们祝贺吗？知道的、祝贺的请举手！（全班同学都举手。注意“骄傲”“神气十足”等词）你都收到哪些生日礼物了？说说你当时的心情怎样？

师：你感受到爸爸妈妈对你的爱了吗，孩子们你们真幸福。（板书：感受父母的爱）

（设计意图：在孩子们津津乐道中，进行甜美的回忆，感受父母对自己的疼爱）

2. 沉默。

当我们沉浸在过生日的快乐幸福中时，你可曾知道爸爸妈妈的生日在哪一天吗？你向你的爸爸妈妈祝贺过生日吗？（学生们沉默了）

（出示图二）这幅图和上幅图相比，发生了什么变化？请同学们读一读课文的 10~14 段。找出描写孩子们沉默的句子读一读。想想他们为什么沉默了？文中有一句描写孩子们沉默时神态的句子，请同学们找出来。待会儿把你找到的句子读给大家听。

集体交流：

生 A：“霎时……沉静地举起了手”。

师：哪些词能体现孩子们沉默了？

生：“安静、依然安静、沉静”能体现孩子们沉默了。

师：请你把这个句子读一读。

师：谁再来交流一下你找的句子？

生 B：“教室里寂然无声……我和孩子们一起沉默着……”

师：这位同学读的时候，大家感到教室里寂然无声吗？没有人举手，没有人说话，教室里静悄悄的。请同学们把教室里静悄悄的这种感觉读出来。自己试试吧。

师：孩子们就这么沉默着，沉默着。面带犯了错误似的

神色。（沉默几秒钟）

师：孩子，我看你沉默了，能告诉我，你现在想写什么吗？（你正在想办法弥补自己的错误是吗？）

师：孩子，你面带愧疚像犯了错误似的，能告诉我，你在想些什么吗？（回答得真好！你是可爱的，你勇敢地认识到了自己的错误）

小结：孩子们你们在沉默里反思自己的错误，在沉默里想办法弥补自己的错误，在沉默里懂得了要回报父母的爱，你们此时的沉默是可贵的。你们都是最可爱最懂事的孩子。（板书回报父母的爱）

（设计意图：抓住学生们沉默的契机，进行情景模拟，以此来挖掘学生内心深处最可贵的感受，突破重难点）

（四）感受亲情，感情升华

师：你准备怎么回报父母的爱？学生谈。

师：孩子们，你们长大了。我真替你们的爸爸妈妈感到高兴。你懂得了感恩父母，回报父母，这正是蕴藏在你们心灵深处极为珍贵的东西。现在就把你最想跟爸爸妈妈说的话写到纸上。

交流感受。

（设计意图：此时此刻，让学生把心中涌动的对父母的愧疚，对父母的爱，把自己的心声表达出来，是再合适不过的了）

听了大家的心声，老师倍受感动。老师也情不自禁地想给大家诵读一首表达对母亲深情厚谊的诗《游子吟》。同学们，会读的一起读吧！（配乐朗诵）是啊，谁言寸草心，报得三春晖。就让我们用实际行动回报那些为我们的成长，辛辛苦苦忙忙碌碌的父母们吧。

（五）作业

把这篇文章读给爸爸妈妈听，把你最想做给父母的事情今天做出来。

（六）板书设计

17　可贵的沉默
感受　父母的爱
回报　父母的爱

【课后反思】

这篇课文对孩子来说，它是一篇“爱”的教育。爱有许多方面，让学生学会爱与被爱，可以说贯穿了教育的整个过程。通过本课学习，学生在思想上受到了触动，深深感受到父母对自己爱的同时也要回报这种爱了，不仅有很多话要对父母说，更想把这种爱落实在具体行动中。我很高兴本课内容与学生生活实际很贴近，在我的教学中，通过分析孩子们神情变化，让学生真正体会孩子们的心理想法，然后再带着心中的感受融入课文中，有感情地朗读。我用信任而又带鼓励性的语言引导学生反复读课文，学生在寻找答案的过程中难免有些片面，这时，我较好地引导学生进行了模拟情景表演，与学生的生活实际相联系。在情景表演与实际生活互相联系中，孩子们明白了，沉默前的热闹是爸爸妈妈给他们过生日，他们感受到了父母的爱。在沉默中孩子们知错了，在沉默中孩子们在思考，在沉默中孩子们在想办法弥补，在沉默中明白了课文题目的深意，很好地理解了教学重点与难点。作业的布置既是课堂的延伸，又是知与行的统一，将人文影响落到了实处。

《想象作文》教学设计

【教学目标】

1. 引导学生展开想象和幻想，激活学生的思维，丰富学生习作的素材。

2. 引导学生通过定向阅读，让学生领悟写假设类想象作文的方法。

【教学重难点】

1. 采用扶放结合的方法，进一步培养学生学写假设类想象作文的能力。

2. 培养学生独立构思和认真修改习作的良好习惯。

【教学过程】

（一）启发谈话，激发兴趣

同学们，在你们美好的心灵世界里一定装满了一个个美好的愿望。当你看到孙悟空变幻无穷的非凡本领时，也许会想，假如我会七十二变该多好；当你学习感到疲倦时，也许会想，假如我是一片自由自在的云该多好；当你看到病魔夺去一个个人的生命时，也许会想，假如我是一名神医该多好……让你的愿望今天就能实现，当然是不可能的。然而，如果将你的愿望通过想象和幻想，在自己的作文中成为现实是完全可能的。

同学们，你们是否愿意把自己的美好愿望写下来呢？

（二）引导走向阅读，领悟写法规律

为了帮助学生领悟假设类想象作文的写作规律，教师课前先布置学生广泛搜集有关假设类想象作文，并在浏览的基础上做好摘录笔记，然后组织课堂讨论，揭示其规律。

1. 课堂讨论，激活记忆表象。

同学们，老师布置大家课前搜集、阅读了有关假想类作文，想一想：在你读过的这类文章中，哪些人或物给你留下了深刻的印象？你从中受到哪些启发呢？假设类想象作文与一般的写人、记事、写景、状物的文章有什么不同呢？

2. 归纳小结，揭示写法规律。

教师先组织学生讨论：你认为要写好假设类想象作文，必须把握哪几点呢？在组织学生广泛讨论的基础上，教师进行归纳小结，并揭示以下写作规律。

（1）根据自己的愿望，选择理想中的人或物来写。

（2）想象要大胆、合理，假设的推测有理有据，情节要生动有趣。

（3）所写的理想中的人或物，都应当有人的思维和人的行为。

（三）启发点拨，指导选材

1. 启发谈话，开拓选材思路。

同学们，写假设类想象作文，写什么都可以。如果你对流逝的时光、对古老的历史有一种“揭开谜底”的欲望，你可以把时光想象成可以倒流；如果你学习感到困倦了，你可以把自己想象成一只鸟，一条鱼，一只老鹰……；如果你看到一位身患癌症的病人在死亡线上挣扎，你可以把自己想象成一盒药丸，一位名医……每个人的兴趣爱好不同，生活经历不一样，因此，每个人想象的内容应该是各式各样、丰富

多彩的。

2. 独立选材，分组互议。

出示题目《假如我是……》，让学生根据自己的兴趣、爱好将题目空白处补充完整，然后引导学生分四人小组讨论，说说自己选择写的理由。

（四）扶放结合，培养能力

为了减缓训练的坡度，教师在指导学生写作文时，采取“根据提供材料写→独立构思表达”这一由扶到放的方法，逐步提高学生的习作能力。

根据《假如我是一个科学家》提供的开头：假如我是一个科学家，我将发明一些东西贡献给人类。让学生展开丰富的想象，续写成一篇完整的文章。

引导学生根据自己选择的材料独立构思表达。

1. 启发引导，拓展思路。

教师在进行构思指导时，要在引导学生求异思维上下功夫。让学生明白：同一个愿望，可以想象成多种不同的人或物，同一个人或物，情节结构的安排也可以多种多样。

2. 独立构思，完成习作初稿。

要求学生根据选材，运用学到的写假设类想象作文的写作规律进行独立构思，并完成习作初稿。对在 25 分钟内能完成习作初稿的学生授予“耕耘奖”。

（五）指导修改，完善习作

1. 提出修改要求，学生自改习作。

在学生进行错别字和病句常规修改的基础上，教师可引导学生对照下列要求进行独立修改。

（1）是否通过假设中的人或物实现自己某种愿望？这些人或物是否具有人的思维和行为？

(2) 想象是否奇特、合理，假设的推测是否有理有据？情节是否生动有趣？

(3) 你的习作是否能给人以某种启迪？

2. 分四人小组互批互改。

3. 课堂交流。要求学生说出自己如何修改的过程和理由。

4. 对通过自己的修改，习作有明显进步的同学授予“百花奖”，进一步调动学生修改的积极性。

(六) 指导评赏，成就激励

1. 指导学生根据提供的材料写假设类想象作文。

2. 让被评为“百花奖”的同学上台朗读自己的佳作，师生进行示范性评赏。

3. 分四人小组自评自赏或互评互赏。

4. 对评赏得好的学生授予“浪花奖”。

5. 将班级优秀习作汇编成册，在班内或校内传阅，激发学生的成就感。

6. 指导学生将自己的习作向有关少儿报刊投稿。

《山中访友》教学片段

新时代的发展要求教育要与时俱进，在注重学生知识教育的同时，还应该提高学生对知识的接受程度。在新课标、新教育理念的指导下，教师应该懂得挖掘和利用学生的创新思维，巧妙地将课堂教学引向生活，注重课堂之源——生活。在人教版小学语文六年级上册《山中访友》的教学中，我以课文为载体，让课堂的教学更加贴近我们的生活，做到联系实际，引导学生懂得生活。生活中的趣事丰富了课堂内容，同时也赋予课堂以生命力，让语文的学习因生活而更加精彩。

例1：我在教学《山中访友》时，充分利用了生活中的趣事，把学生引入课文，更好地理解课文。其中有这样一个片段。

师：同学们，你们周末都在干嘛呀？

生1：（面露喜色，来了兴趣）我去动物园玩了！

生2：我和妈妈去商场购物了，买了好多的东西！

生3：我在家复习功课。

师：同学们的周末都很丰富。那么，有人和老师一样去野炊吗？

生：（你看看我，我看看你，一位学生站起来）老师，我去爬山了，也和小伙伴一起烧烤了。

师：我与大自然为伍，与鸟儿唱歌，和蝴蝶翩翩起舞。

生1：老师你开玩笑吧，鸟儿怎么会和人一起唱歌呢？怕人都来不及呢！

生2：就是啊，还有蝴蝶也是！

师：实践是检验真理的唯一标准！同学们，为了检验老师说的话的真伪，可以在放学后自己去检验一下。但是记得要带着虔诚的心，把自然的一切都当作你的朋友，真心去对待它们，你就能感受到它们对你的热情。

(一天后的语文课上)

师：同学们都有按照老师说的话去检验了吗？

生1：老师，您说得对！我去郊外的草坪上与鸟儿歌唱，与草儿低语。我真的觉得它们就是我的朋友！

生2：是啊，老师。我也去了！我感受到了……

(同学们七嘴八舌，讲述着他们的发现)

师：（在这个时候适当翻开课文）其实，体验大自然的奇妙之处在很早以前就有人做了，而且还把当时漫步大自然的情景生动地写了出来。下面，我们就跟着李汉荣先生一起去《山中访友》。看看他都拜访了哪些朋友？看看他的感受是不是和我们一样。

学生很快地把注意力都放在了课文上。这种教学方式和传统的教学有什么不同？

评析：

传统语文教授知识的方式，大多是直接讲述课文，并没有过多地注重学生对于课文的理解和感受。其课堂的方式往往枯燥乏味，很难引起学生的上课兴趣，这样就会降低学生的学习效率。新型教育下的教学方式主要以发展学生的智能为出发点，通过对于生活的体验，对所遇到的事物进行组织时，遇到的问题会尽力找出解决的办法。这不仅培养了学生发现规律性和联系性的能力，也使信息不陷于自流状态，保证其信息随时发挥出作用。学生只有通过练习解决问题并致力于发现，才能学会发现探索的方法。而一个人越有这方面的实践经验就越能把学习到的知识归纳成一种解决问题或调研的手段。案例讲述的教学方式与以往传统的教学方式不同，它结合了生活中的趣事，巧妙地利用了生活这个“老师”，学生通过真实的生活体验体会课文中所讲述的事情。语文来源于生活，也应用于生活。所以，语文的教育离不开生活。

《与诗同行，学做小诗人》教学设计

进入新一轮新基础教育课程改革以来，综合实践活动这一门新的课程，以其全新的理念，独有的形式，全方位的要求，无可避免地摆在我们教育工作者的面前。如何开展综合实践活动，挖掘教育资源，让这门新课程展现出独有的魅力呢？我们应根据自身的特点，紧扣现实生活，有目的、有计划、有组织地通过多种活动方式，综合运用所学知识，开展以学生为主体，以实践性、自主性、趣味性、创新性为主要特点的综合实践活动，让它充满生命活力。作为一名年轻教师，我也做了一些尝试，把综合实践活动带进了语文课堂。根据六年级上册语文课本上的综合性学习《轻叩诗歌的大门》，结合学生实际，设计了与诗同行这个板块中的一个教学案例。

【案例呈现】

（一）案例背景

设计意图：诗歌是文学宝库中的瑰宝。古今中外的诗人们，用生花妙笔写下了无数优美的诗篇，经过时间的筛选，优秀诗歌已成为超越民族、超越国界、超越时空的不朽经典，叩击着一代又一代人的心灵，给人们以艺术的享受和熏陶。课文课程标准在第三学段的课程目标中提出：“阅读诗歌，大体把握诗意，想象诗歌描述的情境，体会诗人的情感。”本组综合性学习，引导学生走进丰富多彩的诗歌世界，通过搜集和整理诗歌、欣赏诗歌、朗诵诗歌、写作童诗等活动，进一步了解诗歌，感受诗歌的魅力。六年级学生已具有较强的独立阅读能力，对于这样的以叙述口气所写的诗，借助于注解基本读懂诗句意思应该没有太大的问题。但是学生在以往的诗歌学习中，往往至“理解诗意”而止步，因此，造成对诗歌的感受力不强。这个年段的学生学习诗歌时需要在解释诗意的基础上更进一步，即感受诗歌的意象，与诗中的情感产生共鸣。动手自己写写会提高他们的学习兴趣。

（二）教材分析

本组综合性学习引导学生走进丰富多彩的诗歌世界，通过搜集和整理诗歌、欣赏诗歌、朗诵诗歌、写作童诗等活动，进一步了解诗歌，感受诗歌的魅力。“轻叩诗歌的大门”分成“诗海拾贝”和“与诗同行”两大板块。“阅读材料”供学生在开展活动时阅读，在诗歌欣赏和童诗写作等方面得到借鉴和启发。开展活动的材料不止于此，学生可以搜集，教师也可以提供。

（三）活动目的

1. 让学生进一步了解诗歌，热爱诗歌。

2. 知道生活中处处有诗歌。

3. 尝试自己动手写诗。

活动重难点：尝试自己动手写诗。

活动准备：搜集诗歌。

（四）活动过程

1. 复习导入。

（1）师：同学们，近段时间以来，咱们在诗歌的海洋中拾到了许多美丽的贝壳，了解了许多关于诗歌的知识，谁能谈谈自己前一段活动的收获？（预设：……）

（2）在大家的心目中，诗歌是那样神奇，那样美好，诗人是那么得了不起，可今天老师想给大家介绍两首你们的同龄人写的诗，你一定会对诗产生不一样的感受。

2. 自读《致老鼠》《爸爸的鼾声》。

(1) 你欣赏哪首诗？为什么？预设：

生：我喜欢《致老鼠》，因为作者把讨厌的老鼠想象成了人来写，很有趣。

生：我喜欢《爸爸的鼾声》，作者很会想象，把爸爸的鼾声比作了火车开动的声音。

(2) 师相机归纳板书：大胆想象。

(3) 读了这两首诗，你受到了什么启发？

(预设：我知道写诗并不是那么神奇的事，我们也可以学着写。写诗就是写平时生活中的一些事情……)

(4) 教师小结。

我们的生活中处处有诗歌，只要我们有一颗童心，能够大胆想象，锤炼语言，就可以写出有趣的童诗。

3. 补充诗歌，让学生欣赏。

将下面的诗歌复印给学生，在小组里读一读，交流交流写作方法。

(1) 巧用比喻。

云　云像一个忙碌的画家　在天空中画出一幅又一幅的图画

云像一个贪玩的小捣蛋　常常忘了回家

妈妈　妈妈是一个闹钟　每天早上叫我起床

(2) 妙用拟人。

风　风儿，微笑　在树上荡秋千　在草原上赛跑

在院子里拿树叶玩飞镖游戏　风　风最讨厌了

每次都偷偷掀起我的裙子然后在旁边大叫

羞！羞！羞！　真是气死我了

(3) 运用夸张。

交通警察　世界上力气最大的人　就是交通警察

因为他有“气功”　只要单手轻轻一推

几十辆车子就一动不动了

(4) 运用假设。

如果我变成风

就到妈妈工作的地方　替妈妈　把脸上的汗珠　一颗一颗吹干

4. 你喜欢哪首诗，就试着学它写一写，注意想象要大胆，语言要精练，表达情感。

5. 在小组里交流你写的诗，听听同学的看法，再改一改。

6. 小组推荐优秀诗作全班交流。

【教学反思】

本节课学生参与学习的积极性很高，他们利用语文课和课余时间搜集了大量诗歌，学习的内容和形式丰富多样。这次综合性学习激发了学生学习诗歌的兴趣，增长了诗歌方面的知识，也培养了学生合作学习的意识，锻炼了学生自行开展活动的能力，成效是多样的。本次综合性学习，突出了学生的自主性，把综合性学习的主动权交给了学生，教师注意及时给学生提供展示的舞台，正确处理学生自主学习和教师适当指导的关系，既重视突出学生的自主性，又注意对学生进行必要的指导和帮助。教师对学生的指导体现在两个方面：一是使学生明确要求，二是帮助学生掌握方法。例如在本节课中，教师引导学生认真学习本组教材的导语和活动建议，使学生明白这次综合性学习的内容和要求，知道可以开展哪些活动，为深入开展综合性学习活动奠定基础。

《长大以后做什么》教学设计

【教学目标】

1. 能用通顺的话清楚地表达自己长大以后想做些什么，并简单说明理由。

2. 能认真倾听同学发言，明白同学说的内容。

3. 能对自己感兴趣的内容提出疑问、补充或表达意见。

【教学重点】

了解生活中常见的职业，能用通顺的话自信、清楚地表达自己长大以后想做些什么，并简单说明理由。

【教学难点】

听同学发言后，能对自己感兴趣的内容提出疑问、补充或表达意见。

【教学准备】

1. 收集不同职业的音频和图片。

2. 愿望森林的情景布置道具。

【教学时间】

1 课时。

【教学过程】

（一）创设情境，引出课题

激发导入：同学们，欢迎你们乘坐神奇校车，现在我们将要前往愿望森林，听说还有机会向愿望树许愿呢！事不宜迟，我们今天来一起说说《长大以后做什么》。

（设计意图：利用校车情境，并以许愿为线索，一步步引出课题。）

（二）说出愿望，引导交流

1. 师生互动，清楚表达。

（1）引出课题：同学们，你们长大以后想做些什么？对学生的设想表示肯定。

（2）思考提问：引导学生结合身边的人把话说清楚、说完整。

（设计意图：利用课题，直接提问，让学生对未来进行思考。以自己的认知，对职业进行简单的介绍，让孩子们觉得有话可说。）

2. 细听录音，思考职业。

（1）听声猜职业：来到愿望森林的可不止我们呢，刚才有四位小朋友听到我们讨论，迫不及待地想说说他们长大以后想做什么。我们一起来听听他们的愿望是什么吧！

（分别播放教师、厨师、医生和消防员的录音，让学生猜出职业。回想听别人说话的时候要注意的事项，引导学生根据听到的内容进行分析。）

（2）他们的愿望是什么？你是怎么知道的？

（设计意图：充分利用教材出示的四个职业，配合情境，让学生学会聆听，并根据听到的内容进行分析，其他孩子也能进行补充。）

3. 同桌讨论，并说明理由。

（1）说明原因，引导思考：其实在我们的生活中还有不同的职业呢！有为我们城市带来整洁的清洁工，有为我们种出粮食的农民，有把我们的商品送到家门口的快递员，他们因为不同的原因选择了不同的职业，那你们选择不同职业的原因又是什么呢？

(2) 同桌讨论，分享理由。引导孩子大胆地说出自己选择这份工作的理由。

(设计意图：有的人喜欢画画，所以成了画家。有的人喜欢制作美食，所以成了厨师。在学生理解了职业的内容后，跟大家分享是什么原因会有这样的想法，层层深入，引导孩子思考，并与同桌交流。)

4. 角色扮演，积极提问。

(1) 愿望成真，分享心得：告诉你们一个好消息，刚才四位孩子们，他们做到清楚表达，并完整地说明理由，愿望树实现了他们的愿望，你有什么想跟他们说的？鼓励孩子们畅所欲言。

(2) 你们的问题可真多呀！为了解答你们的问题，我把他们带到现场了！让我们用热烈的掌声，欢迎他们吧！（邀请高年级的孩子进行角色扮演，激发孩子的兴趣，引导学生对感兴趣的内容进行提问。强调在学生提问的时候要用礼貌用语，还要注意说话的语气。)

(设计意图：结合许愿的情境，安排高年级的学生进行角色扮演，学生不仅感受到了“许愿”的力量，更激发提问的愿望。)

（三）许下心愿，充分表达

1. 小组讨论，说说心愿。

刚才我们已经做到了认真聆听。清楚表达，说明理由，积极提问，现在，我们可以向愿望树许愿了，请小组同学轮流分享。注意要说出愿望是什么？为什么会有这样的想法？

另外，听的同学要做到认真倾听，遇到感兴趣的内容，也可以多问问。

2. 交流评价，写下心愿。

拿出愿望纸，写下自己的心愿，并挂在愿望树上。

（设计意图：学生在知道说什么的基础上，进行梳理和分享。并完整地说明理由。）

（四）作业布置

跟家人或自己的小伙伴聊一聊“长大以后做什么”。

（五）小结升华，拓展延伸

在这节课上，我们乘坐了神奇校车，去了愿望森林，谈了自己长大以后想做什么，也写下了自己的愿望，其实，要想实现愿望，我们还需要认真学习，完成作业，把行为习惯做好，这样才能把美好的愿望变成现实，希望孩子们都能美梦成真，做一个对社会有用的人，这次的神奇校车之旅就到这里结束了，我们下次再见！

（六）板书

长大以后做什么

清楚表达　　认真聆听

愿望

说明理由　　积极提问

《巧引导，活练笔》教学设计

【片段一】

师：大家刚才都讲到大树和鸟儿真是一对好朋友，你能读读书中的一些句子，并说说它们是一对怎样的好朋友？

生：鸟儿坐在树枝上，天天给树唱歌。树呢，也天天站着听鸟儿歌唱。

师：这是多么好的一对朋友呀！鸟儿每天早早地起来给大树唱歌，晚上又回到大树那里栖息。你这时会想起哪个成语来概括？

生：（略思考一会儿）朝夕相处。

师：多好的一个“朝夕相处”。（师同时板书词语）

师：鸟儿和大树天天在一起，不能分离。这时你又想到了哪个词语？

生：形影不离。

师：多聪明呀，回答得多棒呀！（同时板书）遇到这些好词语应该怎么办？

生：记起来。

师：怎么记？

生：记在书本上。（生把这两个词语记在书本上）

练笔目的是让学生学会表达和应用。因此，课堂中引导学生联系旧知，学会积累也是一种方式。在本案例中，通过教师语言的巧妙引导，让学生回忆学过的词语，唤起学生的旧知。同时通过抄写，完成积累。又让学生学会正确地运用“形影不离”和“朝夕相处”这两个词语。

【片段二】

师：鸟儿历经千辛万苦，四处寻访，终于找到了由树做成火柴点燃的灯火。此时，鸟儿一定有很多的话儿要说。

出示：鸟儿睁大眼睛，盯着灯火看了一会儿，好像在说：“______________。”

师：这时你就是这只鸟儿。你想说——

生1：“我终于找到你了，我最好的朋友！”

师：是呀，很不容易。

生2：“好朋友，你为什么会变成这样？”

师：就是，不是我一路问来，我还不相信呢？

生3：“真的是你吗？去年你可是非常粗壮的呀！”

师：害我找得好苦。

师：鸟儿对着灯火，又唱起了去年唱起的歌（生）。唱完了歌鸟儿又想对灯火说些什么呢？

出示：接着就唱起去年唱过的歌给灯火听。唱完了歌，鸟儿又对着灯火看了一会儿，好像在说：“______________。”

生：“我明年还会来看你的，一定！”

师：多珍重友情的鸟儿呀！

生：“我是不是唱得还和去年一样好听？我会一直想念你的！”

师：多守诺言的鸟儿。

生：“真希望再看见去年的你，呜……呜……”

师：多伤感的鸟儿呀，大树一定会感动的。

引导学生说话，是中年级课堂中随文练笔最为重要的一种方式，要让学生真情流露，有话可说，教师就必须积极创设情境，让学生情感自然流露。以上这个案例中，我通过语言的描述，充分调动学生的情感，使学生进入角色中，让他有话想说，说的过程中，通过人文性的评价，更加调动学生说的积极性。这个过程既训练了学生的思维能力、想象能力，又培养了他们的表达能力，更使学生感受到了鸟儿内心的悲伤、对大树的怀念。

【片段三】

课外小练笔

师：学习了这篇童话，大家对这只鸟儿一定有了很深刻的认识，那么，你想对这只鸟儿说些什么呢？

出示：我有很多话要对鸟儿说，我先说一说，再写下来。

师：同学们可以将鸟儿的品质进行赞美，也可以说一些安慰鸟儿的话，同样也可以表示对鸟儿的祝福。同学们可以课后互相说说，再写下来。

《打电话》教学设计

【教学分析】

《打电话》是一年级语文下册第三次口语交际。第一次口语交际《听故事，讲故事》，要求学生做到听懂故事，把握故事的主要情节，能声音洪亮地讲清楚故事内容；第二次口语交际《请你帮个忙》，要求学生积累并使用礼貌用语寻求别人的帮助。《打电话》与前两次的口语交际相比，同时在“听”“说”“礼”三方面提出要求，是学生口语交际能力的进一步提升，也为第四次口语交际有条理地表达目标的达成做好铺垫。本次口语交际由四部分组成。口语交际的内容，接打电话的方法，情境练习，学习提示。

【学情分析】

经过前面的学习，一年级的学生已经具有了一定的口语交际能力。第一次口语交际，学生掌握了听和说的要求；第二次口语交际，学生积累了不少礼貌用语。本次口语交际是对前两次学习目标的综合和提升训练。打电话这项活动与实际生活联系紧密，学生有一定的生活基础，这也降低了交际的难度。但是，对于在不同情境中接打电话的技巧，学生可能不能系统全面地掌握，本次学习对于接打电话中的交际素养是一次提升性练习。

【设计理念】

针对口语交际这种课型课标提出要求："口语交际活动主要应在具体的交际情境中进行。"正所谓："在哪里用，就在哪里学。"所以本课主要采用了创设情境的方法。也就是说，让学生在既定的情境中发现方法，在老师的引领下总结方法，在师生评价中完善方法，在实际演练中运用方法。以此达成发展能力、提升交际素养的教学目标。

【教学目标】

1. 了解打电话的一般步骤，初步学会独立打电话和接电话。

2. 打电话时，能把要表达的意思说清楚；接电话时，能听清楚主要内容；接打电话时，要注意使用礼貌用语。

3. 能在多种交际情境中灵活运用所学的接打电话方法。

【教学重点】

了解打电话的一般步骤。打电话时，能把要表达的意思说清楚；接电话时，能听清楚主要内容；接打电话时，要注意使用礼貌用语。

【教学难点】

1. 能在多种交际情境中灵活运用所学的接打电话方法。

2. 课前准备：多媒体课件、电话。

【教学过程】

（一）视频导入，激发兴趣

1. 同学们，你们打过电话吗？那你们觉得打电话简单吗？今天，罗老师给你们带来了一段关于打电话的视频，请你们

认真观看后告诉我，假如你是视频中的小女孩，你更喜欢和谁打电话，为什么？（师播放视频）

2. 谁来说一说你更喜欢和第几个小男孩打电话，为什么？（板书有礼貌）其实啊，打电话并不简单，它可是一门学问呢，今天罗老师就给你们带来了一位打电话的小能手，瞧！他是谁啊？让我们来和他有礼貌地打声招呼吧！这节课就让我们跟随李中，和他一起去学习如何正确地打电话（师板书课题，生大声地齐读课题）。

设计意图：通过视频中的两通电话（一个有礼貌，一个没礼貌），让学生直观地认识到，打电话时要注意很多技巧，并不像他们想得那么简单。然后引出打电话小能手——李中。让学生跟着李中一起学习如何正确地打电话，师借机板书课题。这样一来不仅导入了新课。还让学生对接下来的课产生一定的兴趣。

（二）情境之中，习得方法

1. 既定情境，发现方法。

故事开始了，星期天，李中想打电话约张阳踢球，拿起电话第一步他会怎么做呢？（拨电话号码）对了（播放音频）咦？这是什么声音（忙音）？如果遇到忙音，我们可以像李中一样再拨一遍（播放音频）。电话接通了，请你认真听，看一下从接下来的一通电话中你能学到什么。（播放图片内容的音频）

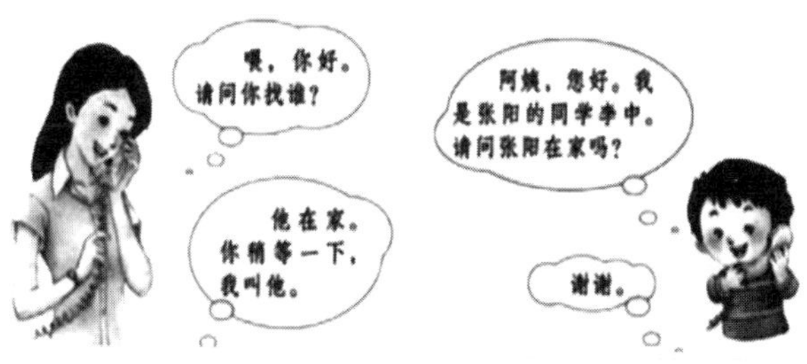

根据内容相机引导学生从阿姨和李中的第一句话中说出“问好”，进而引出“有礼貌”，从李中的第二句话中引出“给别人打电话时，要先说清楚自己是谁”，即“说清楚”。再引导学生练一练：假如现在你们要给罗老师打电话，应该怎么说：喂！（　　）您好！我是（　　）。从剩下的通话内容中引出打电话不仅应“说清楚”，还应该“听明白”。这样层层推进，最后师生合作演一演相应内容，做到心中有数。

设计意图：通过李中给张阳打电话，让学生明白打电话时要先拨号，如遇到忙音要重拨。通过阿姨和李中的通话内容引出打电话时，要先问好，然后说清楚自己是谁，同时还要听清楚对方说的话。也就是要让学生明白不管是接电话还是打电话都要做到有礼貌，说清楚，听明白。

2. 创设情境，完善方法。

故事继续，阿姨叫来了张阳，师引导学生猜一猜：李中和张阳会说些什么？师当张阳，生当李中，师生一起合作猜一猜他们的通话内容，通过通话内容让学生明白约别人做什么事情的时候，一定要说清楚时间、地点和事情。

设计意图：培养学生应变能力，为后面口语交际作铺垫，打基础。

3. 师生互演，巩固方法。

生生合作演一演通话内容，演完后让学生根据以下句式评一评。

我觉得（谁）演得（怎么样），因为他（怎么样），所以(怎么样)。

设计意图：通过李中和张阳的对话内容，让学生明白约别人干什么的时候要说清楚时间、地点和事情。生生合作演一演，是为了让学生进一步感知打电话时要注意的技巧；师生合作演一演，第一是为了拉近师生之间的距离，让学生能大胆地说，为后面的实践环节打下基础。

（三）放松心情，明确要领

1. 师一边教读，一边做动作。

2. 师生一起练习。

课中操

打电话

打电话，拨对号，
说声“你好”把名报。
说清楚，你找谁，
他人不在要转告。
讲清楚，做什么，
时间地点很重要。
通话时，有礼貌，
最后“再见”别忘掉。

设计意图：课中操一方面可以让学生放松一下，为接下来的学习做好准备。另一方面可以帮学生梳理打电话的步骤和方法，同时也再次提醒学生打电话时要做到有礼貌、说清楚、听明白。

（四）联系生活，运用方法

生活中我们经常会遇到这样的情景，因为生病了或是其他原因，不能去学校上课，需要向老师请假。有一天你在家里玩，突然有一个叔叔打电话来找爸爸，但是爸爸不在家。

我会打电话小剧场

打电话向老师请假

有一个叔叔打电话找爸爸，但是爸爸不在家

这些场景都需要我们打一通完整的电话，现在请同学们，从这两个情景中任选一个自己感兴趣的话题演一演。可以两个同学一组，也可以前后两桌一起讨论，时间是3分钟，开始。

小组汇报交流，师生共同评议。

师总结：在刚才的环节中，同学们不仅乐于回答问题，而且还敢于挑战自己，我觉得非常好，让我们给棒棒的自己点个赞吧！

设计意图：通过实践让学生把本节课学习的理论知识正确地运用于实践生活中去，真正做到学以致用。

（五）拓展延伸，能力提升

1. 同学们，其实电话不仅方便我们沟通，交流感情，而且还可以紧急救援呢！请看（播放如何拨打紧急电话的视频）。

2. 视频看完了，我相信同学们都已经知道了，如何正确地拨打紧急电话，在这里我得提醒同学们，紧急电话紧急时才能打，可不能随便拨打。

设计意图：通过视频让学生知道110、120、119这些紧急电话，在紧急时候是可以救援的，但是一定要说清楚时间和地点，同时还不能随便拨打。

（六）电话互动，总结课堂

同学们，这节课我们一直都在扮演其他人的角色打电话，现在我想请同学们做回自己，与罗老师打一通电话。行动告诉我，你们已经准备好了。

师：喂，大兴二完小一年级的同学们你们好，我是你们的罗老师。

生：罗老师，你好！

师：请问这节课你们学了什么内容呢？

生：打电话。

师：那打电话时要注意些什么呢？

生：有礼貌，说清楚，听明白。

师：恭喜你们又掌握了一项新技能，最后祝你们健康成长，学习进步，再见！

生：再见！

师：（下课）

设计意图：通过总结让学生在实践中重温这节课的内容。

（六）板书设计

口语交际：打电话
有礼貌
说清楚
听明白

《请你帮个忙》教学设计

【教学目标】

1. 懂得当自己遇到困难时，可以寻求别人的帮助。

2. 学会在请别人帮忙和帮助别人时要运用合适的礼貌用语。

3. 引导学生懂得请别人帮忙时，要把内容说清楚，并且要注意说话的语气；

【教学重难点】

别人请你帮忙时，要做到说话语气热情、亲切。说话要认真耐心，有礼貌。培养学生良好的听说习惯和口语交际能力。

【教学过程】

（一）谈话导入

今天老师要来我们班找个人，但是老师只知道他的名字，不认识他，你们愿意帮帮我吗？（评价：你们真是一群乐于助人的小朋友）我们一起来看这个人的名字叫什么？（评价：用动画的形式出示名字）谁能告诉我谁是 xxx，（谢谢你）xxx 你好！见到你很高兴。在你们的帮助下老师已经知道谁是 xxx。刚才老师都遇到什么麻烦了？（评价：你的耳朵可真灵）是的！在生活中或者学习上我们常常会遇到麻烦，碰到困难，自己又解决不了，如果能得到别人的帮助，遇到的麻

烦就能迎刃而解。今天，我们口语交际的主题就是请你帮个忙。（老师板书课题，学生齐读课题）

（二）课前温馨提示

出示“听”和“说”的要求。

（三）创设情境，学会方法

1. 出示孔雀和老牛的图片，讲故事

看，这是一只（出示孔雀的图片），这是一头（出示老牛的图片）。当孔雀和老牛相遇，它们会发生什么故事，你们想知道吗？在一个风和日丽的早晨，孔雀独自去野外欣赏美丽的风景，它走呀走呀，忽然迷路了。正当它焦急时，看见前面有一头老牛在吃草，它便昂首挺胸地走到老牛的旁边，展开它那美丽的尾巴，说道：“喂！附近的公园怎么走？”老牛没有理他，孔雀以为老牛没有听到，又说道：“附近的公园怎么走？”老牛没看它一眼，转过身子继续吃草了。（师讲孔雀与老牛的故事）

2. 孔雀遇到了什么麻烦？

3. 学生回答（评价：你真善于倾听）。

4. 如果你们是老牛，你会帮孔雀的忙吗？为什么？

5. 学生演一演孔雀礼貌请老牛帮忙的对话，另找一学生评价，引出礼貌用语。

6. 学生说礼貌用语，师相机出示礼貌用语。（评价语：一看平时你就很注重礼仪，你积累的礼貌用语可真多）师借机将礼貌用语贴到黑板上。

7. 师生合作演一演帮助孔雀有礼貌地询问老牛（出示句式）。

8. 找一学生夸一夸表演的学生，（师提问：是不是只要用了礼貌用语别人就会帮助我们）师扮演孔雀问路：老牛伯伯，你好！请问那个什么地方怎么走？（学生从孔雀的问路中明白请人帮忙不仅要注意用上礼貌用语，还要注重说话的语气，以及把话说完整）

9. 生生合作表演。

过渡语：同学们可真厉害，已经学会礼貌地问路了。今天其实不只是孔雀遇到了麻烦，我们的小猪壮壮也遇到了麻烦，它想请你们帮忙，你们愿意帮帮它吗？

我们一起来看看小猪壮壮都遇到了什么麻烦？

（四）创设情境，实践方法

1. 播放小猪壮壮从冰箱上拿饼干的视频。

2. 小猪壮壮遇到了什么麻烦？（评价语：你观察得真仔细）

3. 如果你是小猪壮壮，你会怎么请哥哥帮忙？如果你是哥哥你又会怎么说？

4. 同桌合作演一演小猪壮壮和哥哥的对话（读合作要求）。

5.请两组学生上台表演，学生依次评价。

过渡语：刚才在你们的帮助下，孔雀和小猪壮壮的麻烦都已经解决了。老师相信你们在生活中也会遇到麻烦，假如你们遇到了下面的麻烦，你们应该怎么办？

（五）创设情境，学以致用

1. 出示两张图片。

2. 同桌合作选择一个感兴趣的情境演一演。

3. 两组学生一次上台表演，学生依次评价。

4. 分享表演完后的感想（你觉得请别人帮忙要注意什么？刚才你帮助了别人，你的心情是怎样的？）

5. 再请一名同学起来分享遇到过什么麻烦？请谁帮的忙？

过渡语：我们已经学会了礼貌地请别人帮忙了，如果别人请我们帮忙，我们要帮吗？你帮我，我帮你说明人与人之间要相互帮助。那是不是别人请我们帮忙我们都有帮呢？我们一起来看几张图片。

（六）拓展延伸

1. 出示四张情境图。

2. 第一个小男孩遇到什么困难了？如果他请你帮忙你会帮助他吗？（你们真热心）

3. 第二个小男孩遇到了什么困难？如果他请你帮忙你会帮助他吗？（很棒）

4. 老爷爷怎么了？看到老爷爷摔倒了，你会怎么做？（你们真是一群善良的孩子）

5. 这两个小男生在干吗？如果他请你帮忙你会帮助他吗？（而且打架是不好的行为）渗入安全教育。

6. 谈收获。

过渡语：通过今天的学习，我们知道了在请别人帮忙的时候要注意用上礼貌用语，注意说话的语气，注意把话说完整，更知道了别人帮助了我们，我们也要去帮助别人，你帮我，我帮你，说明人与人之间要相互帮助。互帮互助自古以来就是中华民族的传统美德，当你遇到困难的时候，自己解决不了，一定不要忘记请别人帮个忙，但是当你的亲人或者朋友遇到解决不了的麻烦的时候，请你们也要记得伸出援助之手帮帮他们好吗？现在，就让我们在一首礼貌儿歌中一起结束今天的课程吧！

（七）课堂小结

齐唱礼貌儿歌。

过渡语：最后是两个小小的任务。

（八）作业布置

1. 收集更多的礼貌用语。

2. 下课后，在学校里向你的老师或者同学求助一次。

（九）板书设计

请你帮个忙	
请人帮忙	帮助别人
您好	不客气
请问	不用谢
谢谢	……
相互帮助	

《故事新编》教学设计

【教学目标】

1. 激发学生想象，大胆创编故事，感受新编故事的乐趣。

2. 抓住主要角色的动作、语言等，把事情的经过写清楚、具体。

【教学重难点】

发挥学生想象力，增强故事的生动性和可读性。

【教学策略】

主要通过创设情境及“看、想、议、写、评”几大环节的训练，在充分调动学生说的积极性的基础上，引导学生展开丰富的想象。

【教学准备】

多媒体课件、学习单、作文纸。

【教学课时】

1 课时。

【教学过程】

板块一：视频导入，激发兴趣

1. 同学们，你们喜欢听故事吗？老师今天给大家带来了一个有趣的故事，请你认真看，想一想这个故事的起因、经

过和结果是什么。（播放视频，生观看）

2. 看完了视频，学生说一说这个故事的起因、经过和结果是什么。

3. 学生畅谈观看到的画面。

(起因：兔子和乌龟比赛）

(经过：兔子因为睡觉耽误了比赛）

(结果：乌龟比赢了）

兔子因为过于轻敌，最终输掉了比赛。从这以后，兔子心里很不服气，它决定要和乌龟重新再比一次，以此和对手一决高下。如果兔子和乌龟再比一次，你认为结果会是谁赢呢？这节课就让我们一起来新编这个故事。（板书课题：故事新编）

板块二：明确要求，确定写法

1. 师引导：什么是故事新编？新编这个故事时，该从哪些方面考虑，才能更突出故事的“新”呢？从课本第 134 页中画出得到的关键信息。

2. 学生自由交流后师小结。

(1) 设想新结局。

A. 师引导：如果让你来新编《龟兔赛跑》的故事，你认为可以有哪些不同的结局？（板书：设想新结局）

B. 学生交流。

C. 出示不同的结局。

(*乌龟和兔子都赢了）

(*乌龟和兔子都没能赢）

(*兔子赢了）

(*乌龟又赢了）

(2) 想象新情节。

A. 师引导：假如我们选择了“乌龟又赢了”这个结局，你认为这中间会发生什么有趣的故事呢？兔子在赛跑的过程中会遇到什么困难呢？乌龟又是运用什么方法赢得了比赛呢？我们可以试着从不同主人公的角度，大胆想象故事的情节。(板书：想象新情节)

B. 学生大胆想象，小组内自由交流。

C. 师适时总结交流。

课件出示：

河流挡道；撞上树桩；掉进陷阱。(路遇不测)

跑反方向这回比谁跑得慢。(急中出错)

路过一片萝卜地，看到了水灵灵的萝卜。(遇到诱惑)

新增了一段下坡路，乌龟头一缩迅速滚下。(赛程变化)

借助滑板，利用宝葫芦。(借助工具)

在构思故事情节时，我们要展开合理的想象，还要着重抓住主人公的语言、动作、神态、心理等细节描写，巧妙地使用修辞手法，将故事写得生动、有趣。)

(相机板书：合理想象、抓住细节、巧用修辞)

板块三：佳作引路，借鉴超越

1. 出示三句话，学生交流习作妙招。

2. 出示例文，学生交流例文哪些地方值得借鉴模仿。

3. 选取情节，试写片段。

(1) 选择自己最感兴趣的一个情节，大胆想象，把你想到的精彩片段写下来吧！

(2) 结合学习单提供的好词句大超市，学生开始习作，师巡视指导。

板块四：展示分享，总结收获

1. 师展示几篇典型的习作初稿。

2. 学生评议。

3. 师点评补充。

4. 师总结：新编故事首先要在熟悉的原故事上，大胆地放飞想象，设想一个让人出乎意料的结局，再合理地想象故事情节，同时要注意到主人公的语言、动作、神态、心理活动等细节描写，恰当地使用修辞手法，把故事编得生动、有趣，突出一个新主题（板书：突出新主题）。课后，我们也能在《狐假虎威》《坐井观天》《狐狸和乌鸦》等其他故事中，选择自己最熟悉的一个，用今天所学的方法进行故事新编，让它以另一种面貌出现在读者的面前。

【板书设计】

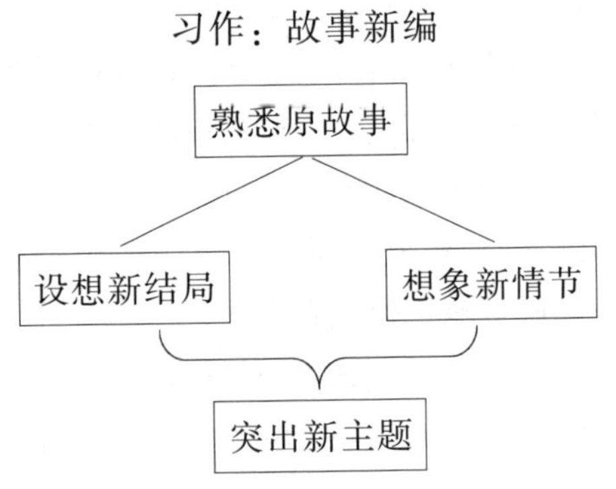

《为中华之崛起而读书》教学设计

【教学目标】

1. 有感情地朗读课文，理解课文主要内容。

2. 在阅读中体会课文中表达的“中华不振”，感受落后就要挨打的道理。

3. 联系全文了解少年周恩来立志的原因，引导学生抓重点词句发挥想象，揣摩人物内心世界，感受少年周恩来的博大胸怀和远大志向，树立为国家繁荣、民族振兴而刻苦学习的远大理想。

【教学重点】

在阅读中体会课文中表达的“中华不振”，感受落后就要挨打的道理。了解少年周恩来立志的原因。

【教学难点】

了解当时的社会背景，深入体会少年周恩来立志的原因。

【教学过程】

（一）谈话导入，激发兴趣

1. 同学们说说自己知道的名人名言。

2. 同学们知道很多的名人名言，今天我们先一起来读一读这句名言。（板书课题，齐读课题，理解课题）

3. 你们知道这句话是谁说的吗？（周恩来）他就是把一

生精力全献给祖国和人民的伟人——周恩来总理。

4. 周总理从小就志存高远，在 12 岁的时候就立下了“为中华之崛起而读书”的远大志向。（再读课题）

（二）新课呈现

1. 读了课题你有什么问题吗？或者你想知道些什么？

带着这个问题请大家自由朗读课文，想一想周恩来为什么会立下“为中华之崛起而读书”的志向？（板书问号）

2. 同学们都读得非常认真，相信课文里的生字词也难不倒你们。我们一起来读一读。

3. 指名学生读，理解“帝国主义”“租界”的意思。(课件)

4. 字词掌握得非常好，相信在理解课文的时候一定是如虎添翼，那你们知道为什么周恩来会立下“为中华之崛起而读书”的志向吗？（点生回答）

板书“中华不振”。

（三）重点研读

引学生读 11~13 自然段周恩来与伯父的对话，体会周恩来不解“中华不振”。

1. 你从哪能看出来中华不振呢？课文哪些地方告诉了我们中华不振呢？（齐读第 11~13 自然段。）

学生自由把相关句子画下来，抽学生回答。

2. 周恩来刚到沈阳就听谁说“中华不振”？周恩来理解吗？（紧扣“中华不振啊！”和第 12 自然段，体会周恩来的疑惑不解。紧抓伯父说的话，体会伯父当时的心情。）

3. 重点研读。

出示：“那是外国租界地，惹出麻烦来可就糟了，没处说理去！”

自由读——指名读。

在中国的土地上却没处说理去，读——

师：那是为什么呀？

生：中华不振。

过渡：是的，因为不理解，所以周恩来背着伯父和同学闯进了外国租界地，他看到了什么？那我们就去看看租界究竟发生了什么事情呢？

（四）深入理解

重点品读 15~16 自然段，感悟中华不振，理解周恩来立志原因。

1. 这一带果真和别处大不相同：街道上热闹非凡，往来的大多是外国人。（抓住“大不相同”“热闹非凡”“大多是”感悟中华不振。）

小结：在中国的土地上，有那么一片繁华的地方，但却不是我们中国的，而是外国人的租界地。租界地以外的中国会是怎样的情景呢？（指名说）

是呀，一百年前的中国多落后呀！中华不振呀！租界里发生了什么事呢？

2. 只见人群中有个女人正在哭诉着什么。巡警反而训斥她。（抓住“哭诉着——训斥”感悟中华不振。通过哭诉着、得意扬扬的对比体会中华不振。）

师：发生了什么事呢？那个女人为何哭诉？

一问才知道，这个妇女的亲人被洋人的汽车轧死了，她原指望中国的巡警局能给他撑腰，惩处这个外国人。谁知中国巡警不但不惩处肇事的外国人，反而把她训斥了一顿。（抓住“不但不……反而”，体会中国巡警仗势欺人，欺压百姓，感受中华不振。）

小结：看到这场面，你心情如何？（预测：气愤，愤怒）把这样的心情用声音读出来吧。

3. 同学们，我听到了你们对这位妇女的同情，听出了你们的愤怒。那么，围观的中国人心情怎样？学生读句子，感悟中华不振。

4. 课件出示句子，点学生读。

师：围观的中国人为自己的同胞讨回公道了吗 ？——学生齐答：没有！

师（向着全体同学，痛心疾首地）：你们说，这到底是为什么（教师手指板书）一齐说——

生齐答：中华不振啊！！！

过渡：因为中华不振，才有不公正的一幕，其实，发生这样的事情，在当时的中国，不只是这一件，或者这两件——请同学们看这一则材料：

视频补充课外资料，深刻感悟中华不振。

资料展示：

（1）“中国人与狗不得入内”的典型历史资料（课件）。

（2）出示中国被迫签订的丧权辱国的《南京条约》《马关条约》《北京条约》等历史资料及图片。

5. 听到这，你想说什么？（预测：非常气愤 ，生气）

过渡：看，这就是租界，没有公道的租界。周恩来目睹租界的一切，真正地体会到了中华不振。（板书：体会中华不振）

6. 生齐读最后一个自然段。

过渡：周恩来是这样说的，也是这样做的。他把自己的一生都无私地奉献给了国家，全心全意地投身于为人民服务的工作当中，真正践行了他的崇高理想，在蓬勃发展的时代，你又是为什么而学，课后请大家思考。

（五）拓展延伸，布置作业

1. 齐读《中国少年说》。

2. 推荐课外书：《周总理的故事》《飞机遇险的时候》

（六）板书设计

为中华之崛起而读书

听	中华不振	疑惑不解	爱国忧民
见	妇女受欺侮		体会中华不振
说	为中华之崛起而读书		立远大志向

教育故事

山花烂漫　泥土芬芳

——贵州省乡村名师风采

滕宇，女，苗族，出生于1974年3月，大学本科学历，语文高级教师。1994年8月在松桃县盘信镇马台村完小参加工作，1995年9月调入盘信镇民族完小任教，2017年3月至2019年6月任盘信镇中心小学校校长，2019年6月至今任松桃县第十五完小校长，贵州省骨干教师，贵州省乡村学校少年宫优秀校长，贵州省教学名师。2016年，被省教育厅评选为贵州省乡村名师，并被确定为贵州省乡村教育家培养对象。

从拿着教鞭的那天起，滕宇就在三尺讲台上编织着一个美丽的梦，那就是要做一名优秀的人民教师。近30年来，她潜心教学，爱心施教，孜孜不倦，尤其是在教学和教研工作

座右铭：要想走得快，一个人走；要想走得好，一群人走。

中，更是追求卓越，勇攀高峰，谱写了令人惊叹的育人篇章，先后被评为“松桃县优秀校长”“松桃县先进教育工作者”“铜仁市优秀共产党员”“乌江园丁”“梵净山名师”“铜仁市十佳校长”等。

理想的力量

走进盘信镇小的校园，你经常会看见一个忙碌的身影，她就是省、市级骨干教师，优秀教师，学校的校长——滕宇。教育事业是倾注情感的工作，也是播撒爱意的事业。一旦投入其中，蜡烛一般的奉献精神即为生命的主旋律——这是滕宇对教育工作的理解。她总是说：“讲台是我发挥聪明才智最好的场所。”她把对教育的热爱作为人生理想，工作中率先垂范，要求别人做到的自己先做到，以海纳百川宽容别人，以精益求精要求自己，做到了干一行，爱一行，精一行。

滕宇自从参加工作以来，以优秀教师作为人生标杆，在榜样下成长，又用榜样的力量带动别人。榜样的力量是无穷的，尤其是身边的榜样，对我们每个人的影响更加深远。对于每一个教育者来说，“身正为师，学高为范”“捧着一颗心来，不带半根草去”的教育精神永远是现在进行时，激励着一代又一代的教育工作者无私奉献，默默耕耘。走上教师工作岗位的滕宇丝毫没有停下奋斗的脚步，她把学到的知识无私地教给每一个孩子，看到一双双渴求知识的眼睛，她更加坚定了自己的理想信念。面对一次又一次摆在面前改行的大好机会，她一次又一次放弃了，她觉得孩子们不能没有老师，她需要坚持最初的理想，把一生中最美好的年华留给山里的孩子。当她看到十分热爱学习的孩子们因为贫困而不得不辍学时，她心如刀绞。于是，她从微薄的工资里拿出大部分资助贫困家庭的孩子，尽量让自己教的孩子不因为贫困而失学。

滕宇总是自觉把带有规律性的成果用于指导新的教学实践。在教学过程中，她面向全体学生，实施分层次教学。由于她全身心地投入和富有个性的教学，学生自主学习的能力得到了普遍提高，她所教班级的成绩一直名列全县同类学校第一。滕宇始终坚信：每一位孩子都是优秀的！因此，她下大力气在教学中不断探索，不断吸取优秀教师的长处，不断总结经验，以期望自己能成为更多学生的良师益友。面对一些较为顽皮、注意力难以集中的学生，她总是循循善诱。有一个屡屡被其他班级拒收的学生在母亲的陪同下找到滕宇，滕宇接收了这个孩子。在与孩子交流的过程中，她观察到这个孩子虽然对读书不感兴趣，但在模型组装方面却很擅长，滕宇劝说其母要发现孩子身上的闪光点。在老师和家长的共同努力下，这个孩子逐渐找到了人生的方向，在个人事业发展上取得了很好的发展。滕宇所教班级有个骄傲的学生，上课思想不集中，班干部指出他的弱点，他不仅不接受，还粗言粗语，结果期中测试不理想，同学们用诧异的眼光看着他，他无地自容。他想，这次肯定要挨滕老师的一顿臭骂了，然而，滕宇却微笑着安慰他："知错就改就是进步，我相信你一定学得好！"滕宇语重心长的话，让这位同学第一次在她面前流了泪。此后，这位同学学习非常踏实，期末测试更是名列前茅。

滕宇认为：每个学生都应受到重视和关爱，要信任他们，挖掘他们的潜力，理解他们的个性，看重他们的优点，包容他们的缺点。她教过的学生中，不少是贫困农民的子弟，这些孩子有的自卑内向，有的脾气暴躁，有的忧郁沉闷，对他们，滕宇倾注了更多的爱。班上有名学生很顽皮，经常出难题为难班干部，滕宇知道他比较聪明，就说服大家选他当小组长，结果，这位不被班干部和多数同学看好的小组长竟一鸣惊人，工作较为出色，学习成绩也得到了提高。可是不久之后，这位同学的老毛病又犯了，不仅挖苦同学，还讽刺老师，几次教育都没奏效。面对困难，滕宇苦闷过，但强烈的责任心与使命感很快使她坚定了信心。她想了一个又一个办法，做了一次又一次尝试。"精诚所至，金石为开。"后来，这位同学表现一直很好，其小组还获得了奖励。

从教多年，滕宇深有感触："要懂得学生向上向善向美的心，对他们的不足采取宽容和引导的态度，激发他们内在的动力、坚定的信心和顽强的毅力！"

长期以来，在滕宇充满爱的教育下，她所教的学生与她感情深厚。滕宇每调往其他班级，同学们都依依不舍。她每到一个新的班级，在不长的时间里就会将班级调理得井井有条，她说成功教导学生的秘诀就是："最重要的是尊重学生，了解学生，满腔热情地对待学生，给痛苦的学生说句安慰话，给孤独的学生说句温暖话，给胆怯的学生说句壮胆话，给自卑的学生说句自信话，给迷茫的学生说句开导话，给沮丧的学生说句鼓励话，给受困的学生说句热心话，给骄傲的学生说句冷静话，给懒散的学生说句鞭策话，给优秀的学生说句激励话。"

实干的精神

学而思则敏。学习是教师提升自身素质的需要，也是新时代新阶段教师适应教育改革与发展的迫切要求。在学习上，她做到：一是加强教育新理论的学习。她通读新课程的相关理论，领会新课改精神，研究新课改教材，增强实施新课改的能力。二是利用现代远程教育资源学习。未任职之前，她兼任现代远程教育教师。她认真学习现代远程教育教材，先后掌握了相关软件的使用、计算机常见故障的排除等，并能顺利地进行课

件下载，建立优质教育课件库。三是加强教学工作管理知识的学习。走上校长岗位，她迅速转变角色，认真学习《学校管理理论与实践》等教育工作管理知识，充分利用中基网、人教网等教育网络资源学习，迅速提高教学工作管理能力。四是积极参加各种培训和考察学习活动。她积极参加现代教育技术培训班、省级骨干教师培训、市级普通话骨干教师培训、市级骨干教师培训、省级农村骨干教师课程改革培训、学历提升函授培训等，甚至自费参加电脑培训，同时，她还积极把握每次学习的机会，先后去湖南、杭州、深圳等地学习先进的教学方法和管理理念，聆听教育专家教诲，从而使自己的综合素质不断得到提升。

作为校长，严格按照规定随堂听课、评课交流、检查作业、查阅教案成为她工作的重要内容。通过努力，学校的各项工作井井有条。学校人员紧张，人才缺乏，有着“全能王”之称的她，还承担着多种角色。帮助参加优质课竞赛的教师制作课件；义务检修学校电脑；抓好校本培训；充当演讲兴趣小组辅导教师……在这一桩桩的杂事里，她不知熬了多少个深夜，用了多少个周末，少了多少次午休，但她从无怨言，总是默默无闻地奉献着，从四处传来的一次次捷报中，感受自己与学校同成长的快乐。她忘我地工作，感染着身边的每一个人。在教学中，她率先试行以学生为主的“合作讨论式”教学模式，充分相信学生，打破教师讲、学生听的“一言堂”的常规，鼓励学生大胆质疑，倡导师生平等讨论，要求疑难问题师生共同解决，真正体现了学生的主体地位。学生们说，我们从滕老师的课中尝到了学习的乐趣。同时，她所实施的过程性教学实践值得称道，她把过程性学习定位在面向全体学生，培养问题意识，体验研究方法上。在课堂上，她根据教学内容，带领学生观察、记录、实验、分析、归纳、总结，使教师导的艺术、引的技巧、帮的热情得到了最大程度的发挥。教学中，她构建了和谐、愉悦的师生关系，让学生在获取知识的同时，感受求知之乐、参与之乐、成功之乐。多年来，她以过硬的工作作风，扎实的教学基本功，独特的教学风格，使所带学科教学质量得到大幅度提高。

引领的作用

收获属于勤奋付出的人。身为学校唯一省级骨干和省级优秀教师，她从没忘记使命，充分利用自己所学，为学校教师作“走进新课程”系列讲座，以更新教师的教育观念，同时，她努力学习，潜心钻研，将专家们传授的理论知识运用于课堂教学实践之中。在全县小学科学教学观摩研讨会上，她执教了《狼和小羊》一课，并作了小学语文课程标准解读，向全县教师传递课改信息，展现课改新理念；她为全镇小学科学骨干教师上课，先后作了《现代教育技术的应用》《怎样观课议课》《贵州省普通话水平测试》等专题讲座；在校内执教观摩课——三年级语文《诚实的孩子》；她所作讲座和执教的示范课，深受教师们的好评。她还经常深入课堂听课，耐心细致地同授课教师交换意见，共同探讨教学方法。滕宇深知，要让孩子们都能成才，不仅自己要成为优秀的教师，还要帮助其他老师成为优秀。于是，她提出并实施了“青蓝工程”，带头与年轻教师结成对子，手把手地进行辅导，对年轻教师进行一系列的业务培训和师德培训，并带领他们参加全国性的观摩研讨活动，让他们能以全新的理念适应工作。她竭尽全力做好传、帮、带工作，指导本校龙蓉老师《校园里的植物》一课获县科学优质课一等奖，指导满维春老师《认识图形》一课获县优质录像课一等奖，指导吴艳芬老师《圆的认识》获国家级一等奖…… 同时，在她的组织带领下，一批年轻教师快速成长起来。特别是成立省级乡村名师工作室后，有了更大的平台，聘请市里的特级教师和县教育局小语文教研主任担任工作室顾问，聘请县内骨干教师担任工作室成员，面向全市招收跟岗学员，通过专家引领、名师指导、教学研讨、学员汇报、理论研究、读书报告等面向课堂和一线教师的活动，搭建了教师专业成长的平台，提升了教师的业务水平。截至目前，已经培养学员 80 人，8 名学员成长为县级骨干教师，1 名学员成长为市级名班主任，两名校长成长为县级名校长，1 名校长成长为市级名校长，1 名成员成为市级骨干教师，1 名成员成长为市级名教师，1 名成员成长为省级骨干教师，大部分跟岗的教师都取得十分明显的进步，带动所在学校发展。与市级名师张秀平工作室开展同课异构活动，与省级名师申璐工作室开展跨区域交流活动，与思南县省级乡村名师秦霞开展对口交流活动。滕宇老师还常年送课下乡，她先后深入正大、大路、迓驾等多个乡镇做培训、上示范课，到盘信辖区内各村小送培送教，与偏远农村教师们面对面交流，解决他们教育教学上的疑难困惑，带给他们许多新的教学理念和方法，推动新的教育理念和方式融入农村，为提高全县基础教学做出了应有的贡献。近年来，她开展送培、送课下乡达 20 余次，指导农村教师 300 余人次，近两年，她深入全县各偏远山村小学开展讲座达 10 余次。让主持人、成员、学员在活动中成长，实现了抱团发展，发挥了省级乡村名师的辐射带动作用。

百尺竿头更进一步。面对成绩和荣誉，她总是说，成绩属于过去，选择了教育就意味着奉献，教师只有全身心投入到教育的伟大实践中去做出应有的贡献，才无愧于“太阳底下最光辉的职业”。

乡村名师滕宇近年来教育教学工作成果。

2011年，教育论文《教态之我见》在《教育论坛》（国家级刊物）发表。

2012年，《我与新课程同成长》《低年级识字教学》在《贵州民族报》和《教育天地》上发表。

2014年，《也谈班主任工作》《课堂提问浅谈》《浅谈不准留级》在《松桃教育》发表；《课堂提问浅谈》《学习普通话应从学校抓起，从孩子抓起》《学生动笔改作文的点滴体会》《小议轻声和轻读》等论文分别获市级二等奖、县级一等奖。

2015年，被评为铜仁市中小学名校长、梵净山名师。

2016年，所撰写的《小学语文教学中构建高效课堂的意义及实施策略》在《新课程导学》发表，《浅谈学校管理应以教育教学为核心》在《青年时代》发表。

2016年，被省教育厅评选为贵州省乡村名师，并被确定为贵州省乡村教育家培养对象。

2017年度荣获“贵州省乡村少年宫优秀校长”。

2020年度荣获“贵州省第四届教学名师”，铜仁市高新区“优秀教育工作者”。

2022年度荣获松桃县委、县政府“优秀校长”。

做“三真”“四勤”“五气”的乡村校长

人们常说“一个好校长就是一所好学校”，作为乡村小学校长，应注重自己成长的经历，不断反思走过的人生历程，从得失中找到自己及学校的正确发展之路。当校长是一件光荣且艰辛的事，每天都得面对形形色色的人，是人都有思想，有各自的想法，特别是在乡村学校，需要我们有超常的毅力、耐力和驾驭力。作为校长，要想发展和成长为引领学校的带头人，需要做到“三真”“四勤”“五气”。

一、“三真”

1. 真诚。

回首这些年来的成长经历，得到领导们的关心和爱护，得到各位同仁的支持和帮助，我从村小的一名普通教师，一步一步成长为校长。一路走来，真诚一直铭记在我心中，老老实实做人，认认真真做事，取得他人的信任比什么都重要。正所谓：“学校要像学校的样子，领导要像领导的样子，教师要像教师的样子，学生要像学生的样子。”

2. 真心。

教育需要用真心换取真心，正如国王用煮熟的种子去考验王位继承人的诚实度一样。季羡林老先生在《自己的花是让别人看的》一文中，向我们展示了“人人为我，我为人人”

的境界，教育同样如此，需要在变与不变中保持前行。雅斯贝尔斯说过：“真正的教育是用一棵树去摇动另一棵树，用一朵云去推动另一朵云，用一个灵魂去唤醒另一个灵魂。”校长对待上级、老师、同事和朋友都要做到真心实意。

3. 真做。

“空谈误国，实干兴邦”，实现教育的腾飞，需要所有教育工作者撸起袖子加油干。对于新时代的校长，一定要站得了讲台，有扎实的专业技术能力，做得了教学研究，俯得下身子教育学生，沉得下心来办教育。这些都需要校长去真正地做，决不能只说不做，喊破嗓子不如做出样子。

二、“四勤”

1. 勤记录。

这么多年来，我没有什么教育专著，却养成天天记录的好习惯，翻开我的笔记本，你会发现每天的事情都有一个流水账式的记录。认真记录每天的天气，久而久之，就知道了每个季节的天气大致会有什么特点，做防暑、防溺水、防火灾等安全教育就可以从工作日记中找到一些规律，变成一种自觉的行动。对于需要经过学校行政和教职工代表大会讨论的事项都进行翔实的记录，便时刻坚持底线思维，带头执行规章制度，也是对自己的一次次提醒，真正做到干干净净做事，清清白白做人。

2. 勤观察。

观察是教学中必备的方法之一，也是校长了解师生动态的有力措施。早上注意观察学生是否准时到校、教师是否提前候课、卫生是否按时打扫、食堂是否按要求供餐、门卫是否按时巡逻，这些情况都能反映学校的运行情况，发现不足及时整改；中午观察学生的活动情况、教师的值班情况、学生就餐情况、红领巾佩戴情况；下午观察行政和教师值周情况、教师是否认真履行了工作职责、学生是否安全离校。每天看似简单、重复的事情，却真实地反映了学校的工作。作为一名校长，一定要养成观察的习惯，并通过观察找准工作的成功与不足，每天纠正一点不足，取得一小点进步，就会让学校在平淡中实现质的飞跃。

3. 勤走动。

校长不是一张行政任命文件就决定了的，而是通过实际行动获得大家的认可，与教师们一起工作、与学生们一起聊天、与家长们一起沟通，走近我们的工作对象，把人放在一切工作的中央。校长不需要整天坐在办公室，疲于应付这样或那样的工作群，业务上的工作完全可以由分管的部门负责，也不需要一个人坐在一间办公室里，人为地拉开与教师、学生的距离，校长需要与师生进行零距离的交流和接触。一所学校就是师生共同的家，以校为家不是嘴里说说，需要校长首先以校为家，只要校长住在学校，你就会知道学校发生了什么。既然我们选择扎根农村学校，我们就得把家安在学校，如果校长都整天人浮于事，谁还愿意以校为家呢？多出去走动，你会发现哪里存在安全隐患，哪里需要进行维护，哪里需要做一些完善，闭上眼睛就可以了解学校的方方面面。

4. 勤督促。

再精细的计划落不到实处都是废纸一张，再好的理论不去实践也是白费功夫。工作有部署就要多督促，不光督促师生，也要督促自己。对照自己拟定的工作计划，一条一条地检查是否得到落实。因为总觉得有无数双眼睛在渴望我进步，所以我给自己每一个阶段都定了不同的目标。对教师的要求也要督促，督促学校教师大量走出去，不怕花钱培训，尽量开阔教师视野。只有敢于把自己放到显微镜下解剖，多进行批评和自我批评，不做老好人，才能真正推动学校一步一个脚印地向前发展。

三、“五气”

1. 校长要有书香之气。

教育思想的吐故纳新，要求校长领悟时代前沿的政治、教育思想，有什么样的教育思想就会有什么样的教育行为、教育实践。满身是书香之气的校长，她应从书堆中吸取养分，这样才能切实转变教育观、人才观和质量观，扎实推进素质教育。

2. 校长要有创新之气。

每所学校都自己不同的办学情况，没有一个固定的方案可以照搬照用。教学方法推陈出新。先进的教育理念是一所学校发展的导向依据，不断创新和改变教育教学方法，应该是实现教育思想和教育理念向教育行为转化的必然之路。

3. 校长要有文化知识的底气。

在校长成长的过程中，底气至关重要，底气的形成有三个要素最关键，需要充盈的头脑、坚定的信念与积极的行动。优秀的师资，拥有一支业务精湛、敬业爱岗、充满爱心的师资队伍，是推动学校发展的最根本动力。学校的发展离不开整个教师团队的齐心协力和良好的校风。

4. 校长要有儒雅之气。

温文尔雅，知书达礼。通过学校物质与环境、课程与活动、行为与精神等层面的共同作用，努力培养“情趣高雅、语言文雅、行为儒雅、气质优雅，具有良好的行为习惯和社会公德”的学生；学为人师，行为世范。教师要使自己成为学生喜欢的老师，以人育人，以文育文，校长必须拥有渊博的学识，博览群书自然荡漾着浓浓的儒雅之气。

5. 校长要有做人做事的大气。

大气的校长宽容、睿智，有魄力，为人坦荡，个性鲜明。大音希声，大象无形，着眼于“人”的发展，渗透着“人”的教育，他闪耀的是人格魅力，展现的是丰富的学识、灵动的智慧。大气的校长追求为每一位老师和学生提供更大的自主成长空间。大气的校长，让老师不再把自己当作火车头，拉着学生跑，而是把每一个学生视为一节动车车厢，让他们都拥有自身前进动力。大气的校长使学校彰显的生机和活力，使学校在民主、平等、和谐中团结进取。

在乡村教育的道路上，践行“三真”“四勤”“五气”并非一蹴而就，而是一个持续修炼与成长的过程。未来，我将继续坚守这份信念，不断磨砺自己，为乡村教育发展不懈努力，让乡村学校成为孕育希望与梦想的摇篮，为乡村孩子打开通往美好未来的大门，书写乡村教育的壮丽篇章。

做乡村教育的守梦人

做教育工作要有一颗敬畏之心，不要抱怨，开心得做，不开心也得做，我们都是在为自己工作，方法总比困难多。

如果你是一个一直都努力工作的人，不管身处何方，你都会受到欢迎。对待工作的态度，很大程度上取决于我们对待人生的态度。原本出生于农村家庭的我们，靠着知识改变了“面朝黄土，背朝天”的命运，成为平凡的教师。在这个日新月异的时代里，发展的浪潮一浪高过一浪。稍有不慎，就会被这个时代卷走。对于起点较低的人来说，付出的艰辛要比别人多出若干倍。恰恰是奋斗的经历，让一个人逐渐成长起来。别人说鲁迅是天才，可他自己说：“哪里有天才？我是把别人喝咖啡的工夫都用在工作上的。”

以上两段话的内容是滕宇经常与同伴们互勉的内容，她常常与身边的同事交心谈心，把自己对教育的理解分享给大家。滕宇于 1974 年 3 月出生在松桃苗族自治县盘信镇楼台村，是一个地地道道的苗族姑娘。1994 年 8 月，她在松桃县盘信镇马台村完小参加工作，开启了教育生涯。1995 年 9 月调入盘信镇民族完小任教，先后担任过班主任、教导主任、副校长、校长。2017 年 3 月至 2019 年 6 月，任盘信镇中心校校长。2019 年 6 月调入松桃县第十五完小任校长，被认定为贵州省骨干教师，被评为“贵州省乡村学校少年宫优秀校长”，2016 年 4 月，被贵州省教育厅认定为“贵州省乡村名师工作室主持人”，并被确定为贵州省乡村教育家培养对象，于

2019年10月被认定为“贵州省教育名师”。她靠着自己积极的工作态度和人生态度，从一名乡村教师一步一步成长起来，是乡村这个教育大舞台给了她无限的力量，鼓舞着她一直向前奔跑。

不管在什么样的教育环境之下，她始终用努力的方式保持着一个教育人应有的姿态。她的人生经历过同龄人一样的苦难，家中姊妹众多，她又是老大，经历过没有钱上学的困境。特别是20世纪70年代，对女孩子的教育是极不重视的，为了上完小学，她不得不跟着在外地教书的叔叔去上学，背着米去上中学，用辣椒拌饭吃，干过农村所有的农活，再加上读书的天分不是十分突出，别人学习一遍就会的东西，她也许要十来遍才能学会，从名落孙山到榜上无名，经历了一次又一次失败，终于靠着她不懈的努力，考上铜仁民族师范学校——培养乡村教师的摇篮，成为一名光荣的人民教师。在一路荆棘之中，她得到太多贵人的相助，又做了无数人的贵人，改变着一切能改变的。在近30年的教育生涯里，她几乎留在了一所学校，见证着一所学校的起起落落，最终在她的带领下，把学校建设成远近闻名的乡村学校，成为松桃东部教育的一张名片，为各级各类学校输送了大量优秀学生，得到省、市、县的高度认可，也得到家长的高度赞誉。正是这份情结，让她把青春年华给了她最爱的学校——盘信镇民族完小。教育是需要情怀的，那种情怀是以学生为中心，严格要求自己，包容他人。一个学校想要走得更远，必须注重校园文化的延续，让文化根植于师生心中，甚至是融入血液里。教育本身是有规律的，不同于工厂里生产的产品，工序到了就会合格。每个孩子都是种子，只不过每个人的花期不同。有的花，一开始就灿烂绽放；有的花，需要漫长的等待。

不要看着别人怒放了，自己的那棵尚无动静就着急。相信孩子，静等花开。也许你的种子永远不会开花，因为他是一棵参天大树。

她是一个以校为家的人，更是一个爱生如子的人。无论是外出开会，还是外出学习，能够赶回学校，她第一时间往学校赶，好像只有回到学校她才会觉得踏实。她对自己说："校长要有校长的样子，教师要有教师的样子，学生要有学生的样子。"用"严于律己，宽以待人"的态度与别人相处，首先严格要求自己，要求别人做到的，自己首先做到。为了能够全面掌握她所教学生的情况，她会对每一个孩子的家庭情况、心理健康、身体状况都进行详细的了解，深入每一个学生家里进行家访。不管走到哪里，都会带上一本笔记本，记录着每天的日期、天气、工作内容，把孩子的教育情况记录清楚，把学校要做的事情记录清楚。多年来，她逐渐养成记教育笔记的习惯，也可以说是教育日记，虽然不成系统，却是一笔宝贵的人生财富。如今，堆放在她家里和办公桌上的笔记本就是她从事教育的见证。教育是需要"宁静才能致远的"，必须把那些平平凡凡的小事做好，并长期坚持。教育人应该把自己活成一个孩子的样子，越单纯越好，一旦追逐功利，必然会失败。虽然她的年龄在不断地增长，可是依然如孩子一样眼里藏着光。我们培养出来的孩子是眼里有光的人，这是学生给教师传导的一种精神财富，也是孩子自信的根源。她对那些沉默少语的孩子总是想尽各种办法开导，慢慢地走进学生的心里，成为孩子们的"大朋友"。她会结合学生的年龄特点以及兴趣爱好，找到与孩子们交流的共同话题，然后与孩子们进行平等而有意义的沟通，从而让孩子们变得开朗和大方。稍微空闲时，她会把教育孩子们的经验进行整理，把那些散落在行路中的宝石，用一根细细的线小心翼翼地串联起来，变成可复制、可推广的教育经验，用于指导教育教学实践，帮助身边的同事。哪怕是在某篇文章上看到一种好的板书，她都要认真摘抄下来，反复琢磨，变成课堂里的板书。

一名教师想要学生对你多一份亲近、尊敬与信任，就得让每位学生都能感受到你平等的关注，感受到你的耐心，感受到你的温暖，这就需要教师主动亲近每一个孩子，照亮他们的精神世界。十年树木，百年树人。要改变一个问题学生，需要多角度入手，要有一种不达目的不罢休的恒心和毅力。努力拉学生一把，就是教师最大的爱。

每个时代有每个时代的重任，教师这个行业同样需要与时俱进。脱贫攻坚是我们这个时代的重任，关系到共同富裕，关系到让每个孩子都享有公平而有质量的教育。正是在这样的时代背景下，按照上级组织的工作安排，她从盘信镇民族完小调入松桃县第十五完小，从一名中心校长变成一名小学校长，从一名有成就的名师变成一个从零开始的教师，面对一所还未完工的学校，搬迁群众又急切渴望上学的境况，她急得像热锅上的蚂蚁，心里好像有一团火焰在燃烧。于是，她每天忙碌在学校的工地上，想尽各种办法保障最低的办学条件。先找人垫资，把教室粉刷好，接着把食堂设备安装好，再把进入校园的路铺平。一点一点地进行着，一点一点地改变着，历经各种艰难，总算把松桃县第十五完小的牌子挂了起来。对于位于大兴街道的县第十五完小来说，如果仅看学校名称，还以为是一所县直小学，其实又叫大兴街道第二完小，是一所名副其实的乡村学校，是为解决搬迁群众上好学而建的学校。

在办学条件极为艰难，师资力量又难以保障的前提下，学校还是按照上级规定的时间开学了。由于没有老师，她便与一位即将临产的教师搭档，负责六年级的教学工作，她一个校长既是班主任又是语文老师。她默默地告诉自己，要拿出干精准扶贫的勇气来抓实易地搬迁学校。面对着一锅夹生饭，她没有退缩，而是坚定地吃了下去。她迅速调整角色，对班上的学生进行摸底，很快就掌握了本班学生哪些上课爱思考问题，哪些在学习上很用功，哪些上课喜欢打闹等基本情况。其中有一位学生引起了她的注意，这位学生名叫曾凡，大家都叫他“真烦”。曾凡是一个上课不回答问题、平时沉默不语、下课就惹事的学生，令人头痛不已。这个学生平时得到的关注度比较少，没有同学愿意和他相处，学习成绩就更不用说了。硬件设施可以慢慢地改善，一个学校必须有学生才有人气。为了能够更好地培养孩子，尽快把学校办出样子来，她有时甚至忘记了吃饭。当别的同事回到城区，打电话说城里非常拥堵。而她每次回家时都感觉路上车辆稀少，因为她爱人和她回家之时，早已经过了下班高峰期。正是这样的忙碌，让她忘记了眼前办学的艰难，而孩子们带给她的快乐更是无穷无尽的。

她迅速适应着班主任工作，特别是对曾凡进行全面了解。一个才上六年级的孩子，为什么总是闷闷不乐，沉默寡言，上课注意力不集中，下课就去惹事呢？正当她在思考这个问题时，却有派出所的同志找上门来。“您是滕校长吗？你们班上有一个叫曾凡的同学吗？”“是的，警察同志，请您坐下。”经过警察的陈述，她才明白原来曾凡与几个有不良习惯的人去偷别人的摩托车。这样的消息犹如晴天霹雳，小小年纪就敢做违法的事情，这必须得加强教育。从视频监控里，她看到一个穿着“十五完小”校服的孩子向一辆摩托车靠近，不费什么力气，就把停靠在小区里的摩托车开走了，动作极为熟练。这个学生违法乱纪行为，一定是因为成长在不良的环境里，必须从源头上找到原因，否则，这个学生就毁了。她决定走进学生家里，查找存在问题的原因。当她费尽九牛二虎之力，敲开一栋搬迁房的大门时，仅看到一个年迈的老人家挪动着蹒跚的步子走出来，经过询问，才知道是曾凡的奶奶。当她把此次家访的目的告诉曾凡的奶奶之后，老人家抹着眼泪告诉她发生在曾凡身上的故事，才知道曾凡其实是一个极为聪明的孩子，写字也曾干净又漂亮，只因为他爸爸染上吸毒的恶习，又对他妈妈拳打脚踢，后来，曾凡的爸爸进了戒毒所，妈妈因为难以忍受家庭暴力逃离了这个家，整个家庭支离破碎，仅剩下奶奶与曾凡相依为命。看到这一切，她的鼻子一酸，眼泪就在眼眶里打转，难以想象这个孩子经历了什么，在这样的家庭成长是多么艰难的一件事。于是，她跑到社区汇报曾凡的情况，给曾凡和奶奶申请重保，解决他们的衣食之忧。每天一有时间，她就把曾凡叫到身边，与他谈心交流，时不时奖励他一点水果，用表扬的方式给他学习用品，有什么资助政策第一时间想到他。曾凡的一天比一天好，居然从“真烦”变成了“真好”。

其实并没有太多的岁月静好，是背后的一大群人为我们撑起了遮阴的大树。国家建好易地搬迁学校，就像给了孩子们一棵遮阴的大树一样，为孩子们提供庇护。而我们这群教育人，作为大树下培养孩子的人，理应承担起立德树人的根本任务。滕宇一有时间，就找学生聊天，与学习成绩优秀的学生聊理想和未来，帮助成绩稍差的学生树立自信，对那些违纪的学生帮他们查找原因。特别是查找违纪学生背后更深层次的原因，找到问题的根源，然后因人施教。人都是有感情的，学生也是如此。你对学生好，学生也能够感知得到。教育的目的，就是让学生健康成长。开启孩子幸福的钥匙有很多把，其中必定有一把藏在校园里，握在老师们的手中。一个能感受爱、感受幸福的孩子，他的世界必然是阳光明媚的，他也因此会幸福成长，今后能够幸福地生活和工作，并且让他的身边人快乐、幸福。所以，滕宇的教育理念就是始终坚持不放弃任何一个学生，相信每一个学生都是希望。

滕宇在外是省级教学名师、省级骨干教师，是县级首批“优才卡”获得者，在内却是一名亲和力极强的教育人，褪去身上所有的光芒，成为隐于学校、教书育人的教师。她近三十年来如一日，栉风沐雨，用一颗赤诚之心，在教育这块土地上播撒爱的种子，辛勤耕耘。一个孩子在学校里，哪怕犯点小错，也是在可控范围之内的。对这样的学生，要真正躬下身子，取得家长的理解和支持，共同为孩子成长营造一个良好的环境。2022 年，她对我说，都说低年级的数学难上，她准备去尝试一下。可以想象，一个校长，处理行政事务已经足够繁忙，何况还要做好省级名师工作室，那是需要学会十指弹钢琴的。既然担任低年级的教学工作，你就得花费时间研究教学工作，就得把课备好，把课上好，把作业批改好，把学生辅导好。教育人的阵地在课堂，在上课与下课之间，用“人”去影响“人”，用“人”去培养“人”，就一定能遇见成长起来的“人”。

教育兴则国家兴，教育强则国家强。当前，乡村教育越来越艰难，面对的留守儿童和问题学生越来越多，需要付出比别人多出若干倍的努力，其中的艰辛只有亲身经历者才会明白。教育是一种静待花开的陪伴，一种默默无私的付出，一份清淡执着的坚守。身为教师，要学会从孩子的角度理解与解决问题，并用和善而坚定的方式去爱孩子，守望孩子，静待花开。贵州提出要办美的教育，美的教育呼唤美的教师。从一点来说，滕宇算得上乡村里“最美的教师”之一。同时，她作为一名共产党员，始终不会忘记就读师范院校时的教育本心，为山里的孩子们铺平成长之路，成为乡村教育的守梦人。

守梦人扎根乡土，用爱浇灌着每一颗希望的种子。他们看着一届又一届的孩子走出大山，走向更广阔的天地，而自己却始终守在这片教育的田野上，年复一年，日复一日，用平凡铸就伟大，用坚守诠释教育的真谛，成为乡村教育中最温暖而坚定的力量，让梦想在这片土地上生根发芽、茁壮成长。

做新时代幸福追梦的教育人

蝴蝶之所以美丽，是因为经历了痛苦的挣扎，向死而生，演绎着飞翔的传奇。每一次积蓄力量，都是为了更好地飞翔。即使不能飞翔，也应该保持飞翔的姿势。对于工作室来说，我们都是摸着石头过河，边实践边总结。有一点是毋庸置疑的，教育的发展需要团队的力量，教育的生命在课堂，课堂决定了教育的质量。做新时代幸福追梦的教育人，这是基层教师立足乡村教育教学一线，实现教育理想，展现人生价值的伟大追求。

滕宇工作室自2016年启动以来，一路艰辛，一路摸索。在教育的领地里跋山涉水，扎根在乡村教育的泥土里，仰望着教育的星空。我们深知，没有一支向上的教师团队，就发展不好一个地方的教育。于是，我们套用别人的话，也是从内心认同。“一个人走，会走得很快；一群人走，却走得很远很好。”抱团发展，才能越走越好。我们曾经迷茫过，总觉得上级的支持不够，自身的力量薄弱，有一点等靠的思想。求人不如求己，滚倒自爬起，在主持人的鼓励下，我们聘请顾问，聘请成员，招收学员，制作汇编资料，拟定工作方案，试着制作文件，主动与上级部门对接。

三年来，每个学期雷打不动地举行教学研讨活动，用课堂说话，从一堂堂课中展现教师进步的精彩。课堂是教师的阵地，为了课堂效果，大家要商量研讨设计，针对不同的学情制订不同的教学目标和教学策略。通过三年来的成长，一批批年轻教师成熟地走上讲台。他们在三尺讲台挥洒自如，这是工作室的使命和担当。

万事开头难，打铁还须自身硬。付出不一定有收获，但是，不付出一定不会有收获。通过一个又一个教研活动和专题辅导，请进来、走出去，开展跨区域交流，团队的视野开阔了，凝聚力和向心力增强了。原来工作室不是什么高深莫测的，把愿意追求进步的人聚集在一块，始终践行不变的教育初心，为了教育事业奋斗终身。播撒下真善美的种子，引导学生扣好人生的第一粒扣子，追求自身进步，才能更好地服务学生。工作室就是要搭建一个平台，点亮一盏航灯，让浮躁的人们静下心来教书，潜下心来育人，激发内生动力，构建教师终身学习和与时俱进的体系。

教育离开了课堂，就像鱼儿离开了水。于是，我们工作室一开始就立足于课堂。剔除华丽的外表，我们收获了真实的干货。一批人实现了专业素质的快速提升，有的成长为名师名校长，有的成长为骨干教师，有的成长为学科带头人，有的实现了职称提升，有的去到更高的发展平台。教育路上搭把手，就像传递爱心一样，做好事不图回报，要把好事继续做下去，只要人人都献出一点爱，世界将变成美好人间。对于教育来说，每个学校，每个教师，每个学生只要前进一小步，中国教育将前进一大步，我们就会从教育大国变成教育强国。后来，县教局启动了集团校。其实，工作室已经超前做了集团校的事。是驴是马，拉出来遛遛。学生只有老老实实学习，老师只有认认真真教书，学校才会回归正常。设计课堂，反思课堂，我们才会有真进步。备课是为了更好地上课，要常备常新。一个人抄一辈子教案，到头来上不好一节课。一个人备一辈子课，每节课都是优质课。

质量是学校的生命线，也是永恒的主题。当然质量不等同于分数，不是唯分数论。全面发展的质量才是真质量。课堂的质量决定了学校的质量，课堂抓好了，教学质量就会变好。我们欣喜地看到，在工作室的引领下，一大批教师成长起来了。体育课挥汗如雨，音乐课歌声嘹亮，美术课妙笔生花，科学课奇思妙想，语文和数学你追我赶，还有其他课堂也在悄然地发生着变化。虽然我们存在着短板，但是我们不怕有缺点，就怕不努力。

设计课堂、分析课堂、思考课堂是教育人永恒的话题，当前质量兴校已是共识，谁抓住了课堂，谁就是抓住质量提高的主动权。不等不靠，主动出击，方能走出迷茫，从容前行。教育没有终点，只有起点，一群人，风雨兼程，无怨无悔，在教育的路上播撒希望，点燃火焰。就像电影里的一句台词：爱我所爱，行我所行，听从我心，无问西东。

教育永远在路上，课堂教育教学的追求永远在路上。虽然途中难免坎坷、迷茫，但是任何困难都不能阻挡我们前进的脚步。教育人的幸福要靠自己创造，我们的尊严要用付出去赢得。眺望前方，路途崎岖，充满着荆棘，只要愿意挑战，脚步会丈量出最实际的距离。对于明天，我们用今天的付出去期待，一定是风雨过后的彩虹。

行走在变与不变之中，提升校长综合素养

国家发展进入了新时代，教育发展也进入了新时代，每个教育人都怀着一个共同的梦想，就是为教育奉献一生。在上级部门的关心、帮助和重视下，我很有幸地成为贵州省乡村小学骨干校长学员之一，参加了中西部项目乡村小学骨干校长基础教育改革发展专题培训。贵州省教育厅和北京师范大学为我们搭建了很好的学习交流平台，培训中，我们聆听了各位专家的精彩讲座，提升了自己专业技术能力和学校管理水平，也了解了很多前沿的信息、理念，还能用专家的理论和案例指导自己的办学实践，下面我将自己的学习收获做一个回顾和总结。

学习是适应新时代的必然，各位专家、教授为我们每位学员准备了丰富的学习资料。尽管我们有着千头万绪的工作，但是，学习的时间只要你愿意挤，总是可以挤出来的。回顾学过的内容，虽然并不一定完全弄明白，却给我们学习者不同的体会和感受。

9 月 23 日，我们聆听了北京师范大学教育部教授、硕士生导师姚计海的讲座——《校长与教师的心理沟通》。姚教授从什么是有效的沟通、与教师沟通的心理前提、如何与教师有效沟通，结合案例阐述了沟通交流的重要性，深入浅出，易于学习。从姚教授的讲座中，我深深地体会到沟通交流的重要性：作为一名学校校长，不能仅以制度来管理教师，还要善于与教师沟通，剔除或削弱不利因素的影响，这是有效

工作的前提和保证。沟通可以提供决策所需要的信息，可以提供情感、情绪表达或释放的机会，可以激发教师的工作动机，也可以调控教师的行为。沟通有利于消除彼此的误会，确立互信的人际关系；沟通有利于同事之间营造良好的工作氛围，增强组织的凝聚力；沟通有利于协调组织成员的步伐和行动，确保组织计划和目标的顺利完成；沟通有利于改善人际关系，社会是由人们互相沟通所维持的关系组成的网。作为校长，应具备积极沟通的理念，通过良好的方式与教师沟通，以促进学校的工作。

9月24日，根据安排，我们全体学员参观了首师大附小。首先是在首师大附小报告厅观看了15分钟的学校宣传片，听了张苹副校长“童心十年　童心致远”的报告和一节青年教师的示范课，最后由孩子引导又结对参观了校园。从看宣传片和张副校的报告中，我们对学校有了一个大概的了解，非常佩服宋继东校长办学思想和办学理念，也从中感悟到了很多，要办一所老百姓信任的、认可的学校，必须要有明确目标，且主动出击，乘势、借力，积极争取，助力学校又好又快发展。在学校得到发展的同时，要不断为教师搭建不同的平台，让教师队伍建设逐渐走专业发展、学术发展之路，发挥名师效应，更好地服务学校、学生。坐在台下聆听张苹校长的报告是一种享受，长知识，开智慧，有启迪，让人心生敬佩。学校，就应该永远是孩子们成长的摇篮，梦想成真的地方！如何点亮学生心中的理想信念，用信仰的力量引领学生在成长的道路上执着攀登，收获精彩，是我们教育工作者共同奋斗的目标！为了实现中华民族伟大复兴梦，要做的工作还有很多很多，要走的路还很长很长。

9月26日，北京大学历史学院讲师李凯为我们做了题为

《儒家思想与中华民族认同》的讲座，对儒家学说在中华文化中的核心地位、学说要义以及在现代社会中继续传承的重要意义进行了深入浅出的讲述，使我对儒家文化有了更多的了解。儒家文化的开创者是我国知名教育家、思想家孔子。在教育事业中，儒家的学说更是深触教育工作者的心灵，它深深地影响着当代教师的思想。儒家文化的核心要义是“仁爱”，其不仅仅指为人之仁，更是指为师之仁，只有在教育工作中培养学生的高尚道德和仁爱之心，才能够将学生培养成自强、进取、诚信、谦逊的优秀人才。因此，作为教师，要加强个人的思想道德建设，为教育事业做出贡献。在教育事业中，虽然有教无类，但同时也要注重因材施教。孔子是最早提出“因材施教”的教育者。在对儒家思想的学习中，我认识到要重视学生的个性差异，懂得分类教学，让不同智力不同心性的学生都能有进步，做到举一反三，循循善诱，才能激发学生的求知欲望，锻炼其独立思考的能力。通过此次学习，我对教学工作的建设有了全新的认识和思考，我相信在今后的教育事业中，我将能够更好地带领学生走进知识的殿堂，感受生活德行的真谛。

北京石景山区实验小学校长李晓军校长的《撬动教育变革的支点——课堂革命》，理论结合案例，给我们留下了深刻的印象。课堂是教育的主战场，课堂一端连接学生，另一端连接着民族的未来。教育改革只有进入到课堂层面，才真正进入了深水区。课堂不变，教育就不变：教育不变，学生就不变。课堂是教育发展的核心地带，课堂是人才培养的主渠道。从某种程度上说，课堂模式基本决定人才培养模式。我们现在的课堂，也就是现在的人才培养模式，还很难使学生获得能够适应终身发展和社会发展需要的必备品格和关键能力。现今，经济全球化深入发展，信息网络技术突飞猛进，面对课堂，行走在变与不变之中，有时候会觉得自己被改革的浪潮推来荡去。身处在这样一个变化多端的世界和信息迅猛发展的时代，老师该怎么当？作为学校的引路人，我们要有一双慧眼，谋划好学校发展的同时，要为师生搭建好平台，跳出看教育，走进来做教育。只能选择向上的路，与时俱进，不能故步自封，坐井观天。

从听北京师范大学亚太实验学校校长白玉玲的《芬兰教育》的讲座中，我感悟到：作为一名优秀的管理者，应该做到善于搜集、整理并总结，做一个善于讲述学校故事的校长。空洞的说教是无效的，只有善于讲述那些共同经历的故事，讲述那些触动内心真实而鲜活的故事，才有可能打动的每一个人，才能传播学校理念，凝聚团队力量，激发工作潜能，才能给予教师、学生、家长以真诚而有效的帮助。当然，在学校管理上，讲好学校故事或许并不是唯一的方法和策略，但确实可从中寻找到一条能不断激发教师潜能、提升教育质量、促进师生成长、加强家校沟通的有效途径，从而在反思中提升教育教学管理水平。

接下来几天，我们参加的专家讲座有：北京教育科学研究院基础教育教学研究中心科学学科教研员、中学高级教师贾欣的《小学科学教育的改革和发展》；香港创知中学校长黄晶榕博士的《如何培养香港学生的国民意识》；教育部基础教育质量检测中心、北京师范大学中国基础教育质量监测协同创新中心地方服务平台副主任、博士的《新机遇与新挑战：基础教育质量检测的理论与实务分析》；北京师范大学教育学部副教授、硕士生导师班建武的《学生发展与德育实效》。

每一位专家的讲座都精彩纷呈，他们以鲜活的案例和丰富的知识内涵及精湛的理论阐述，让我在每一天都能感受到的是视觉和听觉上的盛宴。国家真诚的关怀照拂了我们的心灵，仿佛春雨滋润了心田，令我们有着满满的幸福感和获得感。

学校管理工作和教育教学改革任重道远，行走在变与不变之中，面临的形势极其复杂，我们每一位校长、每一位老师都有自己可为的空间。通过这次培训，我知道了学校管理艺术和教学艺术的博大精深，作为一名一线教师，要想管理能力和业务能力有所提高，相关理论的学习是必不可少的。校长要做学校首席学习官,领导班子要做学习的先行者，全体老师要让学习成为习惯。“他山之石，可以攻玉”，让我们将学习所获运用于我们工作实际，解决实际问题，真正做到学以致用，就让这次培训成为我的又一次启航吧！

工作同样需要一把剪刀

关上办公室的门，已经伸手不见五指。并不是为了炫耀自己多忙，而是做完自己分内的工作，心里的一块石头落下了。或许，当我安然入睡的时候，还有很多老师在灯下默默地工作。

总算把教研活动整理完毕，放在工作群里，得到同事们的赞赏，有人阅读就算是没有白费。教研需要教师，在娱乐至上的今天，我们能够暂时搁下手机，探讨一下课堂，实在太不容易。每个能够站上讲台的老师都是成功的，但是我们不能故步自封，需要敞开学习的大门。“问渠那得清如许？为有源头活水来。”知识的更新远远超过我们的想象，唯有学习才能适应。老师担负着教书育人的使命，更需要取他人之长，补己之短。技术在不断变化，对人的关怀却不会变化，教师对学生的爱不会改变。教育需要用心耕耘，方能闻到花果的清香。

组织一次活动不容易，献课老师更不容易，背后的辛酸只有亲身经历者才能明白。两天，15 节课，上课的人疲倦，听课的人也疲倦。然而，当一个个年轻可爱的教师在教研舞台上演绎课堂生命的活力，错过一堂课，就像错过一次风景。德国哲学家雅斯贝尔斯说：“教育的本质意味着，一棵树摇动另一棵树，一朵云推动另一朵云，一个灵魂唤醒另一个灵魂。”一个老师一生中会遇到无数的孩子，一个孩子一生中遇到的老师却是有限的，老师一句赞赏的话，一个鼓励的手势，也许会改变孩子的一生。老师的精彩在课堂，所有的故事都在课堂上淋漓尽致地呈现出来。课上完后，大家聚在一起说课、评课、议课，或许有点浪费时间，但却不仅让人提高课堂质量，而且可以让大家彼此熟悉。

教育是一群人的事，搭把手的人越多，就会走得越远，走得越有力量。近几年，镇小教师的飞速成长，得益于各种工作平台的搭建。演员演技再好，没有角色，就不会有作品。老师的基本功再扎实，没有课堂的磨炼，也只能原地踏步，甚至走下坡路。“不识庐山真面目，只缘身在此山中”，观课的人总能发现上课者的不足，有些致命的缺点，一经别人发现指出，本人又有意识改正，必定会受益终身。老师们越来越真诚，总希望在评课、议课环节，多听意见和建议，逆耳的语言更能促进进步。

教育人三句话不离本行，这是我们的安身立命之本。当前，许多愿意和不愿意做的事，不断地向我们挤压而来，有时让人透不过气来。其实，静下心来想想，事情再多也必须抓住主线，做好本行，有了线才能串珠子，才会把一颗颗不起眼的石子，串成最美的项链。面对杂乱的事情，用一把剪刀去剪，打开一个口子，找到一定的规律，定会豁然开朗。

是呀，混日子的人多，就会心生怨气。太多的人“身在其职，不谋其位”，导致工作打不开局面。都说自己很忙，减去自己的事，忙工作的时间又还有多少呢？工作是干不完的，应该抓住主线，做到问心无愧。愁也一天，乐也一天。改变不了大环境，就改变一下小环境，改变一下自己。在教书途中修炼自己，无论走到哪里，都会得心应手，做幸福的教育人，从“教书匠”变成“大先生”。

教育应该坚持不懈

三个人，一辆车。说是督查，更是一份沉甸甸的责任。车窗外一闪而过的风景，触动着每个人的心弦。没有不弯的路，走在这路上，想想披荆斩棘的先辈，心中不免思绪万千。岁月就像山下的小溪，不断向前奔涌。放眼望去，能看到几棵大树的地方，便有了人家。有人家的地方需要知识，便有了学校。

教育是因人而生的，每个孩子都来自一个个不同的家庭。每到一个学校，我心中会涌起一种莫名的失落感。冷冷清清，如此美丽的校园，缺少孩子的欢声笑语。老人们常说：“有人有世界。”对于学校来说，有孩子才有欢声笑语，学校因为孩子而美丽。

因为工作岗位稍做调整，我有幸走进家乡的每一所学校，与老领导们交流沟通。从他们身上，我读懂了责任。万事怕认真，教育需要有大爱情怀，做一名合格的教师需要付出常人难以想象的艰辛和努力。“学高为师，身正为范”，教育人的初心不因发展而改变。选择了教师，注定会清贫与寂寞。耐不住寂寞，就容易浮躁，就容易把不好的情绪传导给学生，就容易在一种相对松散的状态中迷失自己，甚至抱着混日子的态度，等待日子一天天过去。庄稼耽误了是一季，孩子耽误了是一生。想想这些，我们怎能不对学生负责。

前段时间，为了向外面的客人展示铜仁市双语教学的成果，我们对一所村小进行重点督查。我作为责任督学，几乎待在那所学校里。这所学校在上级部门的精心打造下，校园漂亮无比。

漫步其间，仿佛置身在童话世界里，每一棵树都向你展示着民族文化的魅力。农耕文化陈列室里，一件件普通的农具能让你浮想联翩。走进孩子中间，通过调查了解，会讲苗语的孩子越来越少了。第一次试课下来，孩子们胆怯，不自信，对老师的提问不感兴趣，答非所问。面对这种情况，中心校长当机立断，从各个方面训练孩子。有的老师负责苗语训练，有的负责礼仪，有的负责养成习惯。一周下来，效果超出预期，客人们听了课流连忘返。因材施教，是需要下功夫的。正如印度诗人泰戈尔所说：使卵石臻于完美的，并非锤的打击，而是水的且歌且舞。

或许，现在太忙了，没有时间。各种各样的材料多、活动多、任务多、形式多。这的确给我们基层学校带来了不小的压力，但是这不应该成为我们忽视教育教学的理由。想想共和国的英雄们，为了孩子们在灯下看书，为了每个孩子有书读，付出的鲜血足以染红所有的河流。教育人不应该自我放弃，最起码要拿出甘愿为教育奉献一生的勇气来，写在年度考核里的自我鉴定，都说全心全意为教育付出，有几句是真心呢？耕耘三尺讲台，主阵地在课堂。课堂是教育人最幸福的地方，课堂是展现老师精彩和才华的殿堂，课堂是我们快乐的家园。回归课堂，找寻教育初心。课堂演绎精彩，初心练就创新。教育需要脚踏实地的人，不需要很忙的人。哀大莫过于心死，教育不应该放弃课堂，离开课堂，我们将一文不值。就像鱼儿离开了水，再漂亮的房子也掩饰不了黑夜的孤独。

每一位扎根基层的教师都是伟大的，只要我们对教育的初心不改，并坚持不懈，回首走过的路，每一步都有深深的印迹。教育是一场没有终点的马拉松，而非短跑冲刺，需要水滴石穿的精神。

研修所得

立足乡村教育，引领教师成长

——贵州省乡村名师滕宇工作室研修成果

教育教学对于教师来说确实就是一场快乐的旅行，在不断行走中，探寻教育真谛；教育是“百年树人”的工程，是不能浮躁的，在适当的时候，需要我们放慢脚步，让灵魂跟上步伐，在守望和默默付出中，感悟生命成长带给我们的精彩，感悟教育真谛。

——题记

光阴易逝，流年如梭，乡村名师滕宇工作室从 2016 年 9 月启动以来，扎根于乡村教育这块土地，深入一线开展课堂实践教学研讨，带领更多的人一起前进，回首走过的时光，感慨良多，现将研修成果做如下总结。

一、总结概要

“要想走得快，一个人走；要想走得好，一群人走。”贵州省乡村名师滕宇把这句话当成自己的座右铭，也变成了工作室的发展理念。立足乡村教育，实现抱团发展，引领教师成长成为大家共同的追求。两年多来，工作室聘请知名专家作为工作室顾问，聘请县优秀教师担任工作室成员，面向基层一线招收学员，与其他工作室开展跨区域活动，与乡镇兄弟学校结对子，开展送教下村活动。工作室成员、学员在平台快速成长，实现专业引领，带动更多的学校受益。工作室全体成员，在各级领导的组织指导下，团结协作，勤奋工作，抓住机遇，乘势而上，以饱满的精神和出色的成绩展示了名师工作室的风采，充分发挥了示范引领作用。

二、总结报告

（一）理念

重视乡村名师工作室的建设，克服畏难情绪，树立能办好名师工作室的信心。充分发挥本地教师或优秀教师资源的凝聚、辐射、指导作用，推动优秀教师队伍建设，培养青年、骨干教师有效成长，促进学校教育教学改革与提升。以优秀教师敬业精神和精深造诣，进行面对面的传帮带和现场诊断、个性化指导，辅以博采众长的专家讲座和课题课例研究，发挥为人师表、言传身教的引领力和感召力，探索一条“名师传真经”的培训途径，注重一个优秀团队的打造，发挥集体的知识和力量，个人的发展只是短暂的，集体的发展才是长远的，个人只有在集体中闪光才会光芒无限。促进青年教师的全面成长，促进教师队伍素质的全面提高，为更好地育人奠定坚实的师资力量。乡村名师工作室以名师为引领，以学科为纽带，以先进的教育思想为指导，旨在搭建促进中青年教师专业成长以及名师自我提升的发展平台，打造一支在全县乃至全市、全省学校教育领域中有成就、有影响的高层次教师团队。工作室成员每学期需承担教学、教研、科研任务，以研训、教科研一体化的方式开展活动，使每位工作室成员都做学者型、研究型、专家型、智慧型教师，成为学生潜能的唤醒者、教师成长的引领者、教学内容的研究者、教学艺术的探索者，使工作室成为“教师成长的阶梯，智慧迸发的乐园，精神守护的家园”。

（二）做法

1. 组建工作团队，保障工作室有效推进。

本工作室自成立以来，得到了各级领导的关心与厚爱。为加强队伍建设，充分发挥名师工作室的示范、引领、辐射作用，保证工作室的长期有效运行。工作室团队由两名顾问、6名成员（其中1名工作室成员滕建猛兼任主持人助理）组成。

工作室顾问两名，是由主持人推荐聘任的。1名松桃县教育局教研室副主任，从事小学语文教学研究，经常在各类刊物发表教学研究文章，具备在教育教学理论和实践操作方面指导工作室开展工作的水平与能力；1名是省级特级教师、省级骨干教师、市级名校长，长期从事教育课题研究工作，在各级各类刊物上发表200多篇文章。

工作室成员6名（校外2人），是由主持人推荐的，6名教师对教学工作极为热爱，其中3名是市级骨干教师，1名是县级骨干教师，另外3位年轻教师具有较大的发展空间和潜力，在县里举行的优质课竞赛获得一等奖多次，并主动参与教学研究工作，发表了大量的论文和教学案例，都具有指导教学实践与课例研讨的能力。主持人助理由成员中滕建猛兼任，该同志具有较强的计算机操作能力和学习能力，能吃苦耐劳，能协助主持人完成工作室资料管理等常规工作。

2. 规范管理，确保工作室正常运行。

为了顺利、有效地开展工作，工作室成立后，全体成员在充分讨论的基础上共同商议制订了工作室方案、三年发展规划及目标，工作室的各项规章制度，确定了“让青年教师成为骨干，让骨干教师成为名师，让名师成为特级教师”的发展方向。工作室不仅制订和完善了三年总体规划，每个学期都按照上级部门要求开展活动，明确各自的职责、任务，以及近期、中期和远期目标等内容。这些制度和计划及时在工作群中发布，目的是督促全体成员有计划按进度开展工作。有了这些制度约束，工作室各项工作有条不紊。

3. 学习培训，提升素质。

通过读书学习、培训观摩、集中研讨等方式，提升思想境界、专业素养和教育智慧。

(1) 读书提升。

“最是书香能致远，腹有诗书气自华。”读书能启迪人的心灵，丰厚人的内涵底蕴。为了让阅读成为一种生活习惯，工作室成员每学期初必须拟定一份读书计划，至少每学期读一本教育专著、每月读一本教育杂志，并按时做好读书笔记，每学期每位成员读书笔记必须在5000字以上。为此，我们工作室购置了《乡村教师突围》和《教师如何做课题》两本教育专著，发给工作室每一位教师。借助学校书吧优势，让工作室成员定期阅读。同时，工作室每个学期都要为成员推荐阅读书目，有必读的，也有选读的，有大家共读的，也有自己单读的，通过读书提升个人内涵，实现团队发展。

(2) 培训提升。

他山之石，可以攻玉。外出学习是一条主要的途径，主持人多次外出培训，先后到贵阳、北京、苏州学习，参与发达地区的名师名校长活动，提高个人业务能力，开阔眼界。工作室成员、学员前往发达地区跟岗学习，参加观摩各地的教研活动，参加县、市教育局组织的暑期培训，如翻转课堂培训、班主任工作培训、“信息技术与学科课程融合”培训等等。大家认真培训，及时写下心得反思。通过培训学习，大家均感眼界大开，收获良多。

(3) 研讨交流。

工作室提供了多种交流渠道，如建立工作室 QQ 群、微信群，每位成员不仅随时随地利用这些渠道通过文字或语音与工作室其他成员交流，还可以与帮带及其他同行交流，写好交流研讨记录。同时，工作室每月开展一次集中学习研讨活动，每次活动主题明确，成员参与充分，积极发言，且各种记录完善。不少成员在每次活动后还及时写下了自己的心得体会并上传到工作群，分享智慧，共同提高。

(4) 课堂研讨。

工作室与玉屏平溪镇中心完小开展课堂组织教学研讨活动。这次交流课的绘本教学内容得到大家认可，正确引导孩子读书是需要教师思考的问题；把工作室的研讨活动与学校教研活动有机结合，在校本教研活动中，工作室成员上示范课，跟岗学员上观摩课，计划跟岗的学员上展示课，不同层面的教师大胆展示自己，探寻有效课堂的实践。走进帮扶学校上示范课，学校在县教育局的指导下帮扶迓驾镇完小，我们把自己的课堂与帮扶学校的课堂进行同课异构，在交流中共同前进，我们的教学思路和板书设计得到大家认可；把送教下村、下校与中心校的优质课评比活动相结合，工作室成员按照村小的模式进行示范课，带去可操作的常态课，得到参会教师的认可，扩大工作室的影响力。与市级名师张秀平工作室开展同课异构活动，与省级名师申璐工作室开展跨区域交流活动，与思南县省级乡村名师秦霞开展对口交流活动。

(三) 成果

目前为止，工作室已培养学员 80 人，10 名学员成长为县级骨干教师，1 名学员成长为市级名班主任，两名校长成长为县级名校长，两名教师成长为县级名师，1 名校长成长为市级名校长，两名成员成为市级骨干教师，1名成员成长为市级名教师，1名成员成长为省级骨干教师，大部分跟岗学员都取得十分明显的进步，带动所在学校发展。

（四）下一阶段计划

继续整合区域内资源优势，立足乡村教育，按照县教育名师工作室要求，招收更多学员到工作室跟岗学习，帮助教师制订专业发展规划，立足课堂，做好课题研究，重视成果的总结提炼。

乡村教育是国家教育事业的基石，而教师成长是乡村教育发展的关键。在后续工作中，本工作室将立足实际，持续完善教师成长体系，为教师创造更多发展机会，让乡村振兴筑牢教育根基。

常规教研观摩活动心得体会

4月12日，我们学校组织了滕宇乡村名师工作室常规教研观摩活动，收获很多。置身于课堂教学中，看到各位老师气定神闲，信手拈来，不时激起一个个教学的浪花，他们或浅唱低吟，或手舞足蹈，或激昂文字，不仅令学生陶醉、痴迷，更让我连声赞叹，这样的功底岂是一日可为？唐苹老师教学思路明晰，田晓艳老师语言幽默，石晓英老师课堂中娓娓道来，都让我学到了很多……赞叹之余，更多的是沉思，为什么会有如此的魅力？为什么在课堂上学生乐此不疲？从中我更深刻地体会到了学习的重要性与紧迫感。下面我谈谈自己的体会。

一、教师语言要具有艺术的魅力

当听着这几位教师的课时，我感叹于教师的语言竟有如此的魅力，它能深入学生的心灵深处……滕宇老师在教学《猜猜我有多爱你》时，她让学生一边观看图景，一边听老师的介绍，声情并茂的语言唤起了学生的思绪。教学是一门艺术，教学语言更是一门艺术，谁能将它演绎得好，就能抓住学生的心。姚茂林老师和蔼可亲的语言，为学生理解课文内容奠定了基础。龙正舟老师课堂语言简洁、准确，他用挥洒自如的语言引领着学生。

二、自读感悟、开放引导的课堂让人耳目一新

新课标指出：学生的自读感悟是第一位的，教师的引导

调控是第二位的。着眼于学生自主发展的阅读教学，应该是一个“先学后教、先读后导、先练后训、先放后扶”的过程。我想，姚茂林老师所执教的《赵州桥》一文的教学过程，就是这种教学模式的一个充分展现吧。本课教学有这样三个层次：第一，初步综合阅读阶段的自读感悟；第二，局部分析阅读阶段的自读感悟；第三，深入综合阅读阶段的自读感悟。姚老师让学生边读边想，将赵州桥的形象完整地展现给大家。而在开放引导这一环节，姚老师采用了“三多”，即多元反馈、多维评价、多向调控。其中最让我印象深刻的是她的多维评价：“虽然你说得不完全正确，但老师还是要感谢你的勇气和胆量。”“你说的观点很有创见，非常珍贵，老师想请你再响亮地说一遍。”“这个地方你再读上一遍，老师相信你一定会有新的感受和发现。”以上这些评价，我认为既是对学生感悟结果的评价，也指向了学生的感悟态度，指导了感悟的方法，同时，其激励的效果也是不言而喻！在课堂上用我们欣赏的眼光、赞赏的话语激励学生，只要我们用心做，我们是能办到的。

三、处理、把握教材的方法十分独到

一句教育名言说得好：“什么是教育，那就是学生把在学校所学的东西都忘记以后剩下的东西。”我想，我们每一位教师在上完一堂课后，该问问自己：当学生把这堂课所学的知识点忘记以后，还剩下些什么？十年，几十年以后，当学生把所学的知识全忘掉以后，我们给他们留下些什么？我们的教育，能否给孩子们留下正确的思维方式，留下解决问题的能力，留下他们真正需要的种种？几位教师对教材的处理和把握有其独到之处。其中，我更喜欢滕宇老师的教学——

严谨、充满了浓浓爱意。滕老师的课严谨到“环环相套，丝丝入扣，行云流水，滴水不漏”。情景导入，教学设计是那么合理，流畅。“把问题抛给学生，让学生自己思索、经历，从而解答疑惑”，让他们充分体验思考所带来的成功，树立起学生我能行，我一定行的理念。看似平常的提问，却把学生的思路引向了更高层次的探究。安老师的课亲切、自然，看似平淡，却彰显出多么精湛的功底和高超的教学智慧。

榜样就在身边，我们需要更加努力！在今后的教学中，本着吃透教材，吃透学生，提升自身素质，我们要不断学习，博采众长，充分利用一切学习机会，学习百家而顿悟，积淀教学素养。我们虽不能成为名师名家，但也会亮丽自己的教学生涯。

论小学生口语交际训练的重要性

口语交际是一种教学策略和方式，是听话、说话能力在实际交往中的应用，是一项新鲜而古老的训练内容，是知识与能力的综合运用和体现。语文课程标准对小学口语交际的教学提出了明确目标："具有日常口语交际的基本能力，在各种交际活动中，学会倾听、表达与交流。初步学会文明进行人际沟通和社会交往，发展合作精神。"实践证明，加强学生口头交际训练，切实提高学生口语表达能力，是十分重要的。

第一，"口语交际"的训练促进书面语言的发展。"我口说我心，我手写我口。"作文就是写话，作文的过程，就是把口头语言加工、整理成书面语言的过程。"出口成章"才能"下笔成文"。

第二，"口语交际"的训练，可以促进思维的发展。马克思主义语言学认为，语言是思想的直接体现。没有不表达任何思想的语言，也没有任何一种思想不通过语言来表达。语言是思维的物质形式，思维是语言所包含的具体内容。"口语交际"是用语言来传达、交流思想感情的，其速度较之书面语言要快得多，不允许有较长时间的停顿和间歇。这样，无论是审题、组材、谋篇、布局，还是语言的组织、内容表达等等，都要求在短时间内完成。因而，思维的速度也就显然要加快，只有这样，才能适应口语交际的需要。自然，"口语交际"的准确性、条理性、连贯性、敏捷性大有裨益。

第三，“口语交际”的长期训练，无疑能提高学生的口头表达能力。学生参加工作以后，要交流思想和经验，要切磋、研究、汇报、总结工作等等，这些都需要“出口成章”，需要有一个“好口才”。

“口语交际”课究竟该如何上？

人人能开口，个个上台讲。“口语交际”的第一个难题，就是孩子们不敢说话，记得我在二年级时上口语交际课，第一次就碰了钉子，我提了两个并不难的问题，举手者竟寥寥无几，至于说要用口头表达更成了大问题，有的伸舌头，有的摇脑袋，有的抓耳挠腮，有的嗤嗤傻笑。后来，我也没招了，干脆把他们带出教室，在校园里“寻找春天的踪迹”。孩子们用视觉辨别梨树、桂花树、万年青的颜色，用嗅觉去品味映山红、三角梅花的清香，用听觉去感知小鸟鸣叫，用手去抚摸阳光下的小草，用脚踩一踩蓬松柔软的大地……这样，孩子们回到教室，便七嘴八舌说个不停，为了维持秩序，我只好让他们一个个走上讲台来说，有的还情不自禁地加上了表演的动作。是上课，又像是表演节目，人人兴趣盎然。经过一两个月的严格训练，百分之九十的同学敢登台表演“口语交际”。

人人有话说，逐步说成文。“口语交际”课的第二个难题，是孩子们无话可说。针对这种情况，我们采取了由易到难、由近及远，由事实到联想，由说几句话、一段话到说几段话。“口语交际”的内容和题目很广泛，有《我们的画》《身边的小雷锋》《我们的教室》《可爱的校园》《我们的趣味运动会》《我所看到的六一儿童节》《介绍一本书、一部电影或一部电视剧》《介绍我的好朋友或者我的亲人》等等，三（2）班的龙森同学在介绍他的姥姥时，说：“我姥姥是个小学老师，72岁了，现在退休在家，穿着普通的衣服，每天笑呵呵的，他对我的学习很关心，我写作业时，她总是说：‘写作业要细心，写完要检查。’还经常给我讲英雄故事，有刘胡兰、董存瑞，还有刘少奇、周恩来、朱德、贺龙等，她常对我说：‘你从小要好好学习，长大做个对国家有用的人。’她很勤劳，每天做饭、扫地、拖地、洗衣服，做什么事都很利索。我可亲我姥姥了，因为我的姥姥比谁家姥姥都好……”看，有事实，有感情，说得多好呀！

人人能裁判，个个敢讲评。让学生对说，当堂进行讲评，人人当裁判，对培养学生认真听的能力、分析能力、欣赏能力以及口头评论能力，是大有好处的。具体可以从以下几个方面评讲：语言是否规范，句子是否完善；思路是否清晰，内容是否切题，条理是否清楚；结构、顺序及详略是否合理得当；事实是否讲的合情合理，合乎逻辑；说话时，语言是否流利，表情是否自然，是否注意了抑扬顿挫。

总之，提高学生的口语交际能力，是一项长期的教学实践活动。从社会的需求看，口头语言是最基本、最便捷的交际工具，而且较强的口语交际能力也是我们每个人适应现代社会的最基本的能力需求。新课程标准同样指出：说话是人们交流的重要方式，是认识世界，认识自我，进行创造性表达的过程，是语文素养的综合表现。因此，对现代小学生进行口语交际能力的培养和训练是必需的，更是应该重视的。

文读相合，增文提作

——以六年级为例，浅谈小学语文阅读和写作教学方略

勤动笔墨勤看书。小学语文阅读和写作并不是两个孤立的单元，两者之间存在广泛而密切的联系。学生只有积累一定的阅读量，面对写作时才能下笔有神，有话可说，有物可言，有事可述；学生也只有具备一定的写作能力，在面对阅读时，才能较快地把握阅读方向，理清文章脉络，所以说阅读和写作密不可分。鉴于两者的关系，我在小学语文教学中，主要从以下几点展开教学实践。

一、点燃阅读热情，培养写作思维

爱因斯坦曾说："教育孩子最好的方法是培养孩子学习的兴趣。"任何事情，只要有了兴趣，就有无限的可能性。鉴于阅读和写作的关系，我在教学中，常常借助阅读培养学生的写作思维，而要想尽可能地发挥阅读对写作的促进作用，关键在于培养学生的阅读兴趣，只有点燃学生的阅读热情，他们才会喜欢阅读，才能在阅读的过程中一步步积累写作素材，摸清文章的写作思路，一步步培养和提升写作能力。

譬如，在学习《怀念母亲》时，我先是通过网络信息媒体，向学生播放了与母爱相关的视频影像，以此集中学生的注意力，吸引他们的阅读兴趣；其瘩，我开始让学生阅读文章，分析作者是如何表达对母亲怀念之情的，在分析文章的同时，理清作者思路；接着，我让学生回忆一下自己与母亲相处的点

滴，思考一下与母亲一起去过哪些地方，干过什么事情，母亲做了哪些事情给自己留下了深刻印象，自己心中的母亲是什么形象；最后，我让学生思考对于与母爱相关的作文要“怎么写”和“为何要写”这样的问题，并使其依照课文的思路，描述一下自己对母亲的思念，阐述一下自己对母爱的看法。这样的教学，使学生写出的文章更加具有表现力和感染力。

二、以写作为引导，提升阅读能力

阅读促进写作的发展，写作也会反过来提高学生的阅读水平。为了发挥写作的作用，我在小学语文教学中，主要通过让学生先说后写、先思考后阅读的方法培养他们的读写能力，以写作为引导，一步一步培养和提高学生的语文阅读能力。在教师的引导下，学生可以将与自己有关的事情先用语言表达出来，预期在写作过程中可能会涉及的方面，写下来之后通过阅读相关文章相互比较，进而提升学生的阅读水平。

譬如，在学习《只有一个地球》时，我并未立刻展开阅读教学，而是先以“只有一个地球”为主题，让学生结合认知和现有素材，在课堂上说一说写作思路，进行相关的写作训练。其次，我让学生正式阅读课文，与自己的文章作比较，看一下有哪些方面文章没有涉及，而自己涉及了；又有哪些东西文章里面有，而自己没有？分析一下各自的语言特点，思考一下“文章为什么要这样写”等问题，分析一下课文的写作思路和涉及部分。最后，我让学生仿照课文语言进行写作，并在这个过程中感受一下这样写的作用。如此，方能在较高程度上加深学生对文章的理解。

三、坚持文读结合，提高文学素养

写作和阅读只有紧密结合在一起，共同服务于小学语文教学，才能推动小学语文教学改革和发展，提升学生的文学素养。不管是现在的学习，还是以后的学习，阅读和写作都是学生学习中国文学的有力武器，两者宛如太阳和月亮，相互影响，缺一不可。只有坚持阅读，学生才能胸有点墨；只有坚持写作，学生才能牢牢抓住文章的思路和本质。

譬如，在初入六年级的时候，我并未立刻开始教学，还是先开设了一堂以家乡景色为主题的写作课。首先，我让学生先想象一下家乡的美景，从山水到田野，从草木到虫鱼……之后在课堂上说一说可能会写哪些东西，会按什么样的思路来写，会起什么样的题目等。其次，我让学生就此开始动笔写，之后再让他们分析《山中访友》这篇课文的题目，说一说这篇课文可能会写什么内容，有学生表示“作者会写自己是如何去山中访友的”，有学生表示“作者会写自己在山中与朋友相处的画面”，还有学生表示“作者可能会写一些见闻，但主要以其与友人的相处为主”等。然后，我让学生阅读了这篇课文，他们这才发现原来这是一篇写景的文章，但无论是从题目上还是从内容上，都运用了拟人的修辞，言语优美，构思巧妙。最后，我让学生将自己的文章和该篇课文进行比较阅读，造成一定的认知冲突，反衬之下，学生豁然开朗，也对课文的理解更加通透，写作也有了不一样的思路，得到阅读和写作的双重提高。

总而言之，对于小学语文教学，教师一定要清楚地认识到阅读和写作的关系，在教学过程中，牢牢把握住二者的相互关系，以读促写，以写促读，有效地提升小学语文教学质量，为学生的成长和发展奠定良好的基础。

通过微课制作提升自我能力

在全县脱贫攻坚进行到决战决胜的最后时刻，我们有机会能够聚到一起学习，意义十分重大。2019 年，对于亲自参与脱贫攻坚的同志们来说，绝对是人生中最不平凡的一年。请允许我对贵州省乡村名师滕宇工作室作一个简单的介绍：滕宇工作室自 2016 年启动以来，一路艰辛，一路摸索，在教育领域跋山涉水，扎根在乡村教育的泥土里，仰望着教育的星空。我们深深地知道，没有一支向上的教师团队，就发展不好一个地方的教育。

三年来，每个学期雷打不动地举行教学研讨活动，用课堂说话，在一堂堂课中展现教师进步精彩。课堂是教师的阵地，为了课堂的效果，大家商量研讨设计，针对不同的学情制定不同的教学目标和教学策略，一切以完美为中心。通过三年来的成长，一批批年轻教师成熟地走上他们心爱的讲台，他们在三尺讲台挥洒自如，这是工作室的使命和担当。滕宇工作室就是为乡村教师提供发展和进步的平台，承担着培养优秀乡村教师的使命。

按照活动安排，本人负责一个命题式的小讲座，主讲通过微课制作提升自我的能力。随着社会的发展，网络已经成为人们日常生活中必不可少的重要工具，同时也成为人们交流、学习的一个重要平台。正是在这样的背景下，以短小、快捷的内容，以学习者自主选择的途径，以网络视频的形式构成的微课悄然兴起，正越来越受到学生的欢迎，更成为广大青年教师专业发展的新平台。

一、微课及其特点

所谓微课，就是指按照新课程标准及教学实践要求，以视频为主要载体，记录教师在课堂内外教育教学过程中，围绕某个知识点（重点难点疑点）或教学环节而开展的精彩教与学活动全过程（引自百度百科）。与传统的课堂相比，微课有很多相同之处，比如两者都有一定的教学内容、相应的教学目标，都是教学活动的表现形式，但也有显著的不同之处。

内容之“微”。相对于传统的课堂教学，微课的教学内容更加集中，主题更加突出，往往是针对一般课堂中的某个教学的重点、难点、关键知识点展开的，内容不在多而在精，不在大而在细。所以，于通常一节课要完成的复杂众多的教学内容而言，“微课”的内容更加精简，因此，又可以称为“微课堂”。

时间之“短”。教学视频是微课的核心内容。根据中小学生的认知特点和学习规律，微课的时长一般为5~8分钟，最长不宜超过10分钟。因此，相对于传统的40分钟或45分钟的一节课来说，微课可以被称为微课例。

过程之“全”。正因为微课内容少、时间短，不少老师很容易把微课当作课堂教学的一个片段，或是某个教学环节。其实并非如此。一则优秀的微课例与传统的课堂教学一样，是针对相应的教学内容与目标，精心设计导入、新授、小结等教学的全过程，制作必要教学课件或教具。所以，微课虽“微”，但五脏俱全，是完整课堂教学的浓缩，是传统教学的精华。

正因为微课的这些特点，学生可以通过网络平台，自主选择需要的学习内容，反复观看学习，对于传统的课堂教学是一种有效的补充。

二、借微课制作转变教育理念

教育是一项与时俱进的事业，教育事业的前进，教师业务能力的提高，首先就是从教育理念的转变开始的。作为一个全新的研究领域，一个全新的发展平台，微课研究已初步展现了它对教师教育观念的影响。

1. 变“为了教学”为“为了学习”。

随着新课程研究的深入，教学不只是教知识，也不仅是教能力，“教学就是教孩子学习”的观念正日益为广大教师所接纳。但反观我们的课堂，虽然满堂灌不多见了，但满堂问、满堂悟甚至满堂练的现象比比皆是，深入思考一下，无非是老师为了完成教学任务，教学为上、教师为上的现状并没有得到根本改变。与传统课堂不同，在微课学习中，老师面对的是电脑屏幕，孩子面对的是视频。老师由于无法直接看到孩子，要让孩子静下心来认真学习，只有转变观念，想方设法为学生着想，让所有的教学行为完全为了孩子学习服务。师生“位置”的改变，决定了教师教学观念的转变，这对于教师的发展具有重要意义。

2. 变单一教学模式为个性化教学。

在学习微课内容的过程中，另一个显著不同就是学生基本都是独自学习，并不存在共同的学习伙伴或学习小组。也就是说，老师所制作的微课面对的是唯一的对象，这就给绝对个性化的教学提供了可能。在传统教学中，我们虽然再三强调要关注班级中每一个孩子，即使无法顾及，也要做到“抓中间、带两头”等等，但事实上，课堂上活跃的永远是少数优秀的学生。而在微课教学中，同样的教学内容，面向不同类型的孩子，老师可以确立不同的教学目标，设计不同的教学方案，甚至可以以“私人订制”的形式专门为个别特殊学生设计与众不同的个性化教学，实现学习效果的最优化。

3. 变组织教学为创境激趣。

随着微课中教学方式的改变，教师角色的主要任务也发生了根本变化。在传统课堂上，为了保证教学任务的顺利完成，教学目标的顺利达成，老师的一项重要工作就是不断地进行组织教学工作，比如显性的有提醒孩子注意听讲，或是做个小游戏等，更多是在教学过程中组织教学，这已成为课堂教学中一项重要内容。在微课设计中，老师教学任务的完成主要是依靠学习情境的创设，让学生在活泼有趣、轻松和谐的学习氛围中顺利完成学习任务。这不仅需要老师具备处处为孩子考虑的学生观，还要能够结合教学内容，创设生动的学习情境，从而提高教学的质量。

三、借微课制作把握“教什么”

明确“教什么”，即明确教学的内容，是教学活动的第一要务。对教学内容的研制能力，更是老师业务素质的主要指标。不少老师在教学中，要么不分轻重，眉毛胡子一把抓，不能突出教学重点；要么东一榔头西一棒，缺乏头绪，老师教得不轻松、孩子学得也很累。归根到底，都是老师在教学中不能准确研判教学内容所致。在微课研究中，随着课堂环境的改变，老师面对“教什么”的问题也将发生深刻变化。

1. 教核心问题。

如果要问到底要教什么，很多老师都知道要教关键的问题，教核心的问题。但一回到课堂上，不少老师总觉得这个也重要、那个也重要，仿佛少了什么都不行，再者反正时间很多，这就难免要平均使力，严重影响教学效果。在微课设计中，由于教学时间只有七八分钟，不可能做到面面俱到，教学内容往往也只有一两个知识点（通常只为一个知识点），这样老师在研制教学内容时只能在有限的时间时，集中火力，瞄准教学的核心问题，重点突破，从而让学生用最短的时间，获得最大的学习效果。

2. 教疑点难点。

由于没有统一的教材或规划，当前微课内容的设计与开发，主要以老师自主开发为主。这一方面是给老师一定的压力，同时也给老师在微课研究中相应的能动性和自主发挥的空间。显然，老师们在开发微课内容时，自然会把目光集中在实际教学中的重点、疑点、难点等问题上，集中在平时孩子学习起来有困难的地方，作为课堂教学的补充与辅助。长此以往，老师在微课的研究过程中也会提高自己对教材的处理能力和把握教学重难点的能力。

3. 教思路方法。

在微课的教学中，除了要教核心问题、重难点，学习思路与方法也是教学内容的一项主要内容。通常在课堂教学中，教材内容无疑是教学的核心，而很少涉及学习方法的教学。即使老师有心考虑、有意为之，一般也是作为教学的辅导项目，结合教学内容进行一些简单的渗透。由于微课的教学内容完全为自主开发，老师就可以把平时分散在教学中的学习思路、学习方法进行系统整理和小结，比如语文教学中分段的方法，概括段意的方法，英语学习单词的记忆方法等，通过微课以专题的形式展现，将这些零零散散的小方法、小技巧进行梳理与小结，帮助学生理解与掌握。

四、借微课制作揣摩“怎么教”

“怎么教”是一项专业性极强的能力，是一项“技术活”，它往往要求一名教师不仅要具备科学的教育理念，还要有一定的实践经验，从中不断地总结提升。对于一名青年教师来说，这样的过程常常需要几年乃至十几年。微课研究因其短小、片段式的教学，在推动教师教育理念更新的同时，也在一定程度上缩短了教师专业发展的周期，加快教师成长的步伐。

1. 启发性地教。

大部分的微课学习，都是学生自主学习的内容之一。微课的教学任务一方面是作为传统课堂教学的拓展与补充，另一方面更多的则是通过微课的学习，引导学生在课堂以后、学校以外进行自主学习。因而，老师在微课的教学中，特别强调要启发性地教学，通过短暂的微课学习，教给学生学习的方法，激发学生学习的兴趣与热情，特别要启发学生深入思考，举一反三，为孩子课后的自主学习打下坚实的基础。

2. 针对性地教。

从某种角度上说，微课教学是处于“买方市场”的行为。也就是说，学生选择哪位老师的微课，选择什么内容的微课，不是由老师安排或布置，而是由学生自己决定的。这就要求老师在微课教学中，不仅要针对性教学对象和教学内容，还要有针对性教学方法、教学策略。比如，指导学生如何写景，就要针对学生年龄特点、生活环境等开展教学，同时还应就不同学生的习作能力设计不同的学习任务，完成不同层次的作业。只有这样的微课，才能最终得到学生的欢迎，才会有学生选择。

3. 创造性地教。

微课是一个网络课堂，也是一个极具开放性的课堂。在这样的课堂上，老师教学的创新性将直接影响教学的效果。与传统的课堂相比，学生在这个平台上，更希望得到与众不同的体验，看到平时课堂上看不到的教学。一位老师在“汉字是怎么来的”微课教学中，引用热播电影《泰囧》的“囧”字进行导入，其中还引用了很多流行的网络名词和影视图、视频，这些平时课堂上难得一见的教学一下子就抓住了孩子的学习心理，调动到学习的热情。

4. 发展性地教。

教学反思是促进教师业务能力提升的重要过程。正如叶澜老师所强调的，写十年教案或许成不了名师，但写十年教学后记一定会成为名师。与平时的课堂学习相比，学生在微课学习时，其效果往往会在网络平台中留下反馈；作为教师，也可以在实际教学中了解微课教学的质量。这样就能让老师更加清楚地了解教学情况，促进老师对微课进行更多的反思。与传统教学相比，微课的更新周期更短，甚至随时可以对教学进行修改、提高，从而不断改进教学。

总而言之，作为一个全新的教学领域，一个前景广阔的发展平台，微课制作正凭借网络技术的发展，成为推动教师专业成长新力量。加强微课制作及研究，必将成为自己的教学生活，乃至整个职业生涯的重大机遇，创造出与众不同的精彩。

校园文化是办学传承之魂

学校是传播文化的场所，是文化的载体。站在新的时代前沿，我们来讨论关于校园文化建设的话题,是十分有意义和必要的，因为只有文化才是稳定持续发展的定校之宝。

一、文化的诠释

文化是一个非常广泛和最具人文意味的概念，给文化下一个准确或精确的定义，的确是一件非常困难的事情。对文化这个概念的解读，也一直众说不一。但东西方的辞书或百科中却有一个较为共同的解释和理解：文化是相对于政治、经济而言的人类全部精神活动及其活动产品。

广义上来讲，文化是指一个国家、一个民族的精神和物质的沉淀和积累，是社会的总和和赖以发展的动力。是人类在社会历史实践过程中所创造的物质财富和精神财富的总和。

狭义上来讲，文化就是在历史上一定的物质生产方式的基础上出处下发生和发展的社会精神生活形式的总和。

从某种意义上来说，文化来源于人，又服务于人。

二、校园文化的含义

1. 校园文化定义。

校园文化是指：学校在长期的教育实践与各种环境要素的互动过程中，创造和积淀下来并为其成员认同和共同遵循的信念、价值、假设、态度、期望、故事、逸事等价值观念体系，制度、程序、仪式、准则、纪律、气氛、教与学的行为方式等行为规范体系，以及学校布局、校园环境、校舍建设、设施设备、符号、标志物等物质风貌体系。校园文化是各种文化要素的相互整合的产物，是一学校区别于其他学校的重要特征。

2. 文化的结构。

从不同的角度给校园文化定义，校园文化就有不同的构成要素。校园文化有主流文化与亚文化之分。有学者认为，校园文化包括以下六个方面。

(1) 教师文化。教师是学校组织体系中的领导者，其价值观念及行为方式对学校文化的影响甚大。

(2) 学生文化。学生是学校教育的对象，学生的价值观念及行为方式不仅受社会文化的影响，而且由于学生正处于身心发展的特殊阶段，所以学生的文化具有独有的特征与性质；学生在班级和学校的生活或者活动中，同辈团体相互影响，共同形成特殊的价值观念与行为方式，并成为学校文化的重要方面。

(3) 行政人员文化。学校的行政人员具有潜在文化和非显著文化的性质，一般来说，行政人员潜在的文化与学校主流文化部分相符，有些行政人员对学生的态度或关系，与教师的专业态度或关系不同，因而产生利于学生发展的影响。因此，学校行政人员文化对于学校事务的解决、对于学生的发展都会产生深刻的影响。

(4) 社区文化。学校所处的社区文化是学校的外部环境，对学校的发展影响甚大，它主要通过两种途径影响学校教育：一是社区环境影响学生思想与行为；二是社区环境直接影响学校教育教学活动与措施。

(5) 学校物质文化。学校所处的物质环境、校地大小、建筑设备、庭园布置等，都属于学校物质文化的范围，也是构成整体校园文化的重要因素。

(6) 学校制度文化。学校中的传统、仪式、规章与制度，都是学校的文化范围。

3. 校园文化特征。

(1) 互动性。校园文化是学校教师与学生共同创造的。

(2) 渗透性。校园文化，像和煦的春风一样，飘散在校园的各个角落，渗透在教师、学生、员工的观念、言行、举止之中，渗透在教学、科研、读书、做事的态度和情感中。

(3) 传承性。校风、教风、学风、校训的形成，不是一代人，而是几代人或数代人自觉不自觉地缔造的，而且代代相传，相沿成习，似乎有一种遗传因子。任何一种校园文化，一旦形成，必然传承下去，不因时代、社会制度不同而消失，当然会有所损益。然而精神的实质却是永续的，永生的。

4. 校园文化的宗旨和任务。

校园文化建设的宗旨，一句话就是有助于培养德才兼备的人才，即体魄健全、身心健康的社会主义建设者。

校园文化建设的任务，就是贯彻党的教育方针，培养社会主义建设者。

5. 校园文化的作用。

校园文化是一种氛围、一种精神。校园文化是学校发展的灵魂，是凝聚人心、展示学校形象、提高学校文明程度的重要体现。校园文化对学生的人生观、价值观产生潜移默化的影响，而这种影响往往是任何课程所无法比拟的。

校园文化建设可以极大地提升学校的文化品位。古人说：“近朱者赤，近墨者黑。”学校的校容校貌，表现出一个学校整体精神的价值取向，是具有引导功能的教育资源。校园文化作为一种环境教育力量，对学生的健康成长有着巨大的影响。校园文化建设的终极目标就是在于创建一种氛围，以陶冶学生情操，构筑健康人格，全面提高学生素质。

校园文化是一所学校综合实力的反映。校园文化建设包括物质文化、精神文化和制度文化建设，这三个方面相互促进，是学校综合实力的反映。

三、校园文化的传承和挖掘

通过办学实践，我以我所在的学校作一个抛砖引玉，具体来说明如何对校园文化进行传承和挖掘。

1. 对学校的精神文化进行准确定位。

(1) “三风一训”。

校风：诚信求美　自主向上

教风：言传身教　呕心沥血

学风：勤学好问　文明进取

校训：共奋互勉　求实创新

(2) 办学理念：以人为本　面向全体　求实创新　发展个性

(3) 办学宗旨：打造精品学校　办人民满意教育

(4) 办学目标：实施素质教育　培养未来世纪创新人才

(5) 发展方向：让学生成才　让老师成功　让家长放心　让社会满意

2. 传承和发扬学校的精神文化。

学校的“三风一训”不是凭空想象的，也不是几个领导研究出来的，而是学校在建校和发展的过程中不断总结和提炼的。办学理念、办学宗旨、办学目标、发展方向都是对学校发展的具体定位，并朝着这样的方向努力。把学校的精神文化摆在最醒目的位置，供全体师生学习。最近学校还编录了一本班主任工作手册，把学校的发展和精神文化写在第一页，让所有教师都成为学校文化的传承者，并不忘初心，始终保持教师的精神风貌。

3. 树立校园育人标杆。

盘信镇民族完小教师的敬业精神是全县数一数二的。不管岁月如何变迁，时代如何变化，环境如何改变，学校教师的敬业精神却一直延续。究其原因，就是所有的老教师都是我们校园的育人标杆，他们用自己的精神引领年轻教师不断前进。新进学校的老师，会被大家的敬业精神感染，大家把“校荣我荣，我荣校荣”牢牢地记在心中。看看我校的龙有国老师已经59岁了，依然承担学校重担，还在担任六年级语文教学工作，班级人数为74人。面对这样的重担，龙老师没有丝毫的怨言，而是全力以赴地贡献。正是因为有着一代一代的师者进行传承，才有了学校的精神脊梁。

四、多功能的校园文化

很多人认为的校园文化，无外乎张贴悬挂名人名言、格言警句等，学校的校风、校训、学风等内容也几乎千篇一律是教师思想品德教育，而且形式十分单调。校园文化应该注意发挥多功能的作用。

第一，知识性。校园文化不仅仅是古圣今贤的道德说教，它应该包含德育、智育、美育等各个方面的知识内容。我们的校园文化在德育教育方面似乎有些过剩，而其他内容又显得单薄。智育方面可以介绍学习的经验、方法、治学的得失利弊和各种文化知识等。体育方面除名人谈体育外，还可以在各种体育设施旁边附设该设施的发展历史、训练方法等说明性文字。美育方面可以介绍美育知识、审美技巧，也可以介绍美学名篇、美学家等。就连人们不太重视的劳动教育也能体现知识性，如介绍一些蔬菜的种植方法，以及树木及花坛、草坪旁设计某物种的说明等。尽最大可能地挖掘人文知识，给学生全面的教育。实际上，在知识中渗透思想品德教育，学生更容易接受。

第二，艺术性。首先，内容要多样化。不要只有板起面孔说教，也要有诙谐的睿思妙语。如提醒学生不乱扔垃圾，可以提示说："垃圾不落地，校园更美丽。"其次，形式要丰富多样，在校园的醒目位置，除了一些必要的宣传外，还可以配以优秀的诗句，让人耳目一新，增强艺术感染力。要让学校的每一堵墙都起到文化熏陶的作用，还要在墙的花色品种形式格调上进行适当的修饰和美化。一扇生锈的门，一堵剥落的墙会说什么话呢？

第三，实用性。要做到这一点，就要做好三个结合：结合学校的实际反映学校的特点，结合学生的实际、结合设施景点的氛围以教学效果为评判标准。校园文化建设要避免浪费，不搞攀比，以免浮躁，不做形象工程。学校是读书的地方，氛围的基调以质朴、安静和书香为主。

五、加强校园文化建设必须遵循的原则

苏联教育家苏霍姆林斯基说过：让校园的每一块墙壁都会"说话"。我们知道，校园文化建设是学校生存、发展、彰显蓬勃向上的力量源泉。放眼校园，让人感觉校园其实就是学生思想品德教育的精彩大课堂，要让学生视线所到的地方，都带有教育性。特别是乡村小学校园文化建设，必将突出特

色、突出特殊的背景，让乡村小学校园文化建设怎样才能接地气，是学校德育管理中必须认真研究的问题，站在教育飞速发展的时代，从现实出发讨论乡村小学校园文化建设必须遵循什么原则？今天，我将从一个乡村小学管理者的角度，阐释校园文化建设必须遵循的原则与诸君分享。

1. 乡村小学校园文化建设必须遵循接地气的原则。

接地气是一个新鲜时髦的词，乡村小学校园文化建设必须遵循接地气的原则。这是乡村小学校园文化建设的重要性原则，学校高水平的管理，从我的角度看是文化的管理。文化在学校的管理中处于核心地位，乡村小学校园文化建设需要接地气。

其一，必须从普通教师的角度出发，让普通教师在文化建设中当家做主，征询他们的意见，采纳他们的建议。让他们在学校校园文化建设中拥有充分的发言权、决定权，这样让乡村小学校园文化在建设上体现教师的精神文化。

其二，在乡村学校校园文化建设中，必须尊重学生个性发展，思想进步，人格形成，这是乡村学校校园文化建设中不可或缺的力量源泉。让学生在校园文化教育中拥有一定的话语权是一所学校发展的动力，特别在校园文化建设的过程中，让学生充分发挥聪明才智，用他们天真烂漫的思想去想象校园的文化建设，这样充分地接地气。

让学校的文化建设充分建立在教师和学生相互影响的基础上，融合而成的文化才具有生命力，只有接地气的文化建设形成的文化才经久不息、才更具生命力，必定给学校注入勃勃生机与活力。轻视学校文化的建设，师生的精神家园将颓废散乱，学校将偏离发展提高的目的。

2. 乡村小学校园文化建设必须遵循文化思想的独立性原则。

我们知道，乡村小学校园文化建设必须立足思想文化的独立性原则，乡村小学校园文化建设的独立精神在于学校本身通过历史文化的积淀形成文化底蕴。这样一来，我们在乡村小学校园文化建设中就要根据学校本身的特色和具体环境，进行具体的设计定位学校的文化方向。我们知道一所学校文化建设方向的确定必须遵循其独立性，在乡村小学校园文化建设中，我们要从自身出发，创造性地继承和发扬学校本身所具有的文化氛围，并让其形成特色。

3. 乡村小学校园文化建设中必须遵循人文性、长期性原则。

在乡村小学文化建设中，学校领导要引导师生员工正确认识学校所倡导的工作目标和价值标准，必须遵循人文性、长期性原则。让人走进校园就能感受人文关怀，在长期的教育中，让老师感受到人文的馨香，在人文关怀的温暖里教书育人，用智慧打造校园文化的形成。一所学校的文化建设，不是华丽装饰，而是校园本身所焕发的活力，是一种向上、健康、舒适环境。她不管校长的轮换，她不以校长的意志为转移，而是校长必须尊重学校长期形成的文化氛围，并保证这样的文化得以传承发扬。

4. 乡村小学校园文化建设必须从优秀的古典文化中汲取养分。

上下五千年的中华文化，其古典芳香闻名于世，在乡村小学学校文化建设中必须从优秀的古典文化中吸取养分，让学校文化建设健康发展。可以从灿烂的古典文化中寻找优秀的实例或关于学习精神、教书育人、爱国主义、民族英雄、诚信故事、为人处世等内容悬挂于校园的醒目位置，让师生一目了然，在浓厚文化氛围的熏陶中积淀学校文化。学校的文化建设必须遵循古典文化的指导。从古典中开发利用，让灿烂文化浓缩成学校文化建设的组成部分。

总之，乡村小学校园文化建设是学校教育的一个重要组成部分，是素质教育的重要载体。加强校园文化的过程，需要持之以恒，正面灌输，充分挖掘和利用校园文化的潜移默化作用，高度重视校园文化建设，是学校发展的必然趋势。校园文化对学生的影响虽不是立竿见影的，但校园文化建设遵循的原则不止这些。我只是以一个乡村小学的管理者身份就乡村小学校园文化建设中所遵循的原则与大家讨论，目的是让乡村小学校园文化建设服务乡村学校教学，形成具有特色的校园文化。

苏霍姆林斯基说过：“周围世界的美感能陶冶学生的情操，使他们变得高尚文雅。”美国教育家布莱森说：“任何一所学校环境都在默默地对师生发表演说，而且师生的确会注意它，并不知不觉地接受熏陶和影响。”一个良好的校园文化环境必定有利于教师的教育教学工作和学生的学习，有利于师生整体素质的培养和提高，可促进学校可持续发展。

每所学校都是独特的，每所学校都是有文化的，每所学校都是值得尊重的。

最后，我们做一个充满诗意的小结：第一，做文化是一件顶天立地的事情，因为我们说文化既是有价值的，高高在上的，同时也是一份脚踏实地的工作；第二，校长你的任务是文化领导和文化管理，你要把它变成一项全校共同全民参与的战斗，而不是一个人的战争，如果一个人去做的话，脑袋累没毛了你也做不好，肯定做不好，所以学校文化是所有人都参与的一点一滴的工作。第三，校长你要领着你的老师和学生们共同享受文化领导和管理的过程，在做的过程中涉及每一个方案、规划，然后凝练、执行、实现。其实说起来我始终认同这样一个观点：教育原来是一件挺美的事情，做好了、做顺了，挺轻松，一点都不累。我们做文化，无论如何折腾，都不要忘了教育永远的终点是人，所以人永远在中央，这是做文化不能忘却的。校长们，文化它之为文化，是因为文化具有很强大的制约力和推动力，让我们一起享受而且相信并实践这样一句话：教育赢在哲学，学校赢在文化。

教育随笔对教师专业成长的作用

教育随笔是教育理论研究领域与教学实践相结合的新兴产物。它是教师或理论工作者着眼于日常教育实践的研究，侧重通过随笔探寻所教育问题的解决途径，也是对现实教学过程的理性反思过程。

一、教师写教育随笔的优势

教育随笔贴近教师自己的教育生活。教师通过每天细微的观察，选择有一定影响和有一定意义的教育教学事件与生活事件，抓住其本质，从而进行独特视角的观察和描写，给“教育故事”赋予独特的情感体验，让教师在写故事的过程中深刻反思。

教育随笔不拘泥于形式。教育随笔形式多样，长短不一，可以是详细而连续的故事，也可以是简短的概要。教育随笔结构安排有顺叙、倒叙、插叙等。随笔角度灵活多变，随心所欲，对教师的专业成长起到了重要作用。

教育随笔教师易于接受。教育随笔极易被所有一线教师掌握应用。教师采用讲故事的方式，叙述经历、体验和感悟，加上随笔方式灵活，很容易被教师接受和掌握，成为教师日常教学生活中的校本研究和教学反思。教师通过研究改进教育理念，能够反思重建教育生活。

教育随笔可以实现资源共享、同伴互助、共同提高。教育随笔，特别是近几年在网络上迅猛发展的教育博客、网志等，更是成为教师与教育专家及同伴进行“近距离”交流、探讨的学习方式。共享成为网络上教育随笔的最大优点，为教师建构了一个深刻思考和交流的平台，同时也为其专业化成长提供了广阔的新天地。

教育随笔促使教师专业成熟，形成特色。教育随笔让教师在积累丰富的案例和大量的教育实践中，重新认识自己，认识学生。在对自己的教育实践不断进行检视和反省中，形成了独特的个性化教学风格和教学思想，在研究中不断地超越自我，发展自我，专业逐渐成熟。教育随笔让教师自觉地步入研究工作状态，成为教育实践的积极自主发展者。

二、写教育随笔必须具备的条件

要有扎实的知识和深厚的理论素养。没有扎实的知识和深厚的理论素养，我们就不能站在更高的视角研究教学问题，我们的见解和视野就不能更加开阔，对问题的认识也难免肤浅。

善于观察领会，感悟教育生活。对于一线教师来说，不敢说每一节课都有体会最深的心得，但每天我们都要面对不同的教学内容，面对不同的学生，只要我们善于观察、善于发现，做个有心人，随笔的素材俯拾皆是。

有百折不挠的精神。教师要对教育事业有执着的追求，对所见所闻认真观察、认真思考，将所思所得、所感所悟随时倾注于笔端。这需要有坚强的毅力和百折不挠、坚持不懈的精神。

有鲜活的思想。思想从何而来？关键是要学会思考、勤于思考、善于反思，这是促进专业化成长的根本要求。因此，思考和反思是随笔研究的灵魂。教师通过随笔研究中的思考和反思，不仅可以深刻地领会先进的教育思想和理念，更新教育教学观念，而且可以从根本上改进教育教学工作，从而促进专业化成长。

有创新意识。教育的对象是一个个活生生的人，教学内容每天都是新的，不断变化着，我们不能用僵化的思想看教育和教育对象，要有创新意识，要用发展的眼光审视教育对象。

三、写教育随笔与教师专业成长的关系

教师写教育随笔的过程，是一个不断学习的过程。这种学习是结合实践的学习，是基于实际需要的学习，带有很强的自主性。教师不但向书本学习、向同行学习，也向专家学习。既学习专业知识、学习最新的教育教学理论和教学方法、学习教育科研方法和技术，也学习如何分析问题和解决问题。同时，还要注意学习获取知识的方法和认知策略，在知识更新中开发学习潜能。通过自主学习，丰富专业知识，增强教育素养，提升理论高度，促进专业发展。

教师写教育随笔的过程，是一个“研究”的过程。在这个过程中，教师结合教育教学实践，用心观察，细心体会，点滴记录教育教学中遇到的问题，收集资料，认真研究处理相关信息，并积极探讨如何解决问题。这种研究的过程也是学习的过程，是教师专业成长的重要环节。

教师写教育随笔的过程，是自主反思的过程。在这个过程中，教师以教育教学活动过程为思考对象，对自己的行为、决策以及由此所产生的结果进行认真的审视和分析，从而丰富其体验和感悟。与此同时，教师也对所获得的体验或经验，进行深入的思考和总结，积极探索与解决教育实践中的一系列问题。教师不断反思，并将反思的过程以教育随笔的形式记录下来，不但可以提高教师的反思能力，也实现了理论与

实践的结合，促进教师的专业成长。

教师写教育随笔的过程，是一个“写作”的过程。这种“写作”不仅有助于提高教师的分析综合能力、逻辑思维能力和表达能力，还可以帮助教师梳理思想，使其思想更有理性、思维更有逻辑性、行为更有目的性，这无疑将有力促进其专业成长。

特别值得一提的是，利用网络写教育随笔，为广大教师提供了更加开放、资源共享、平等参与、共同提高的学习和交流方式，为广大教师的专业成长搭建了一个崭新的平台，必将高效地促进教师专业成长。

充分挖掘文本资源优势，优化农村习作教学策略

语文课程应致力于学生语文素养的形成与发展。语文素养是学生学好其他课程的基础，也是学生发展的基础。写作是学生语文素养的综合体现。在作文教学中，教师要弄明白各学段的具体目标，在小学低年级段叫写话，中、高年级段叫习作，写话有写话的要求，习作也有习作的要求，写作是一个循序渐进的过程，不能急于求成。有了目标，在教学的过程中就能有的放矢。指导学生学习课文，除了引导学生学懂一些基本知识、理解课文内容之外，还得学习课文中的写作方法，为习作教学做好铺垫。每一篇课文都是通过精挑细选才进入教材的，因此，教材是精华中的精华，是最精彩的范文。理解课文，吃透课文胜过一切课外阅读，只有抓好了课内，才能有效地延伸到课外，千万不能舍本逐末。如果我们在教学过程中，充分挖掘文本资源优势，就可以更好地优化习作教学。

一、读书的滋味

在学过的课文里，在对读书的滋味描写中，《窃读记》《走遍天下书为侣》极具代表性。闻着菜的香味，不是为了大吃一顿，而是想到书店去看看书。这种既惧怕又快乐的窃读滋味，深深地印在师生脑海中。或许，今天的学生没有这样的读书经历了。我们学校图书室、书吧长廊、班级图书角有

如此多的图书，每天中午都可以享受美味的营养餐，吃饱喝足后该干点什么呢？学生们异口同声地回答："读书！"在这样的教学过程中，不仅对学生的德育教育，还点燃了学生阅读的激情。如果这个时候布置学生写一写《读书的苦与乐》，相信孩子们都知道学习首先是苦的，正如"书山有路勤为径，学海无涯苦作舟"的名言一样，学习的过程必须由学习者亲自体验，谁也代替不了。学到知识后的乐趣是无穷的，这种受益是终身的。《走遍天下书为侣》展示读书的另一番境界，一本好书就是一位好朋友，就是你随时想去的故地，读书要一遍又一遍地读，不厌其烦地读，还要不停地思考。在教学过程中，对教材进行深入理解，何愁找不到习作的素材呢？

二、生命的真谛

从课文中找到生命的真谛，体验人间真情。在教学人教版四年级下册第 19 课《生命 生命》时，我们知道了："一粒貌不惊人的种子，往往隐藏着一个花季的灿烂；一条丑陋的毛毛虫，可能蜕变为一只五色斑斓的彩蝶。因为，生命本身就是一桩奇迹。"虽然生命很短暂，但是，如果我们在短暂的生命里做出有意义的事情，就会让我们有限的生命体现出无限的价值，放射出耀眼光芒。生活中有的人遇到一点困难就退缩，有的人一不顺心就放弃……这些都是不负责任的生活态度。课文中：提出问题（生命是什么）；列举实例（飞蛾挣扎求生、香瓜子砖缝中茁壮向上、用听诊器静听心跳）；找到答案（珍惜生命）。这篇课文不但能让孩子们学到知识，而且能学到做人的道理，是一篇关于生命意义探讨的好范文。在学生充分理解课文内容的基础上，再布置让孩子们写一写对生命的感悟，一定能取得较好的效果。

三、习作的方法

方法就好比是打开大门的钥匙，写作同样有方法可循，特别是文本教学中，本身就有很多方法可以现学现用。本人结合一些文本中学到的方法，举几个例子。

1. 按一定的顺序描写。

写作的顺序有很多，作文时要根据题目的要求和掌握材料的情况选用，我们可以结合具体的课文给予学生指导。(1) 按时间先后顺序写。写人、写事、写景时，常见的是以时间的先后为顺序记叙。如《高大的皂荚树》，开头描写皂荚树的样子，接着按照“春、夏、秋、冬”一年四季的时间顺序，描写皂荚树给同学们带来的许多方便和快乐。(2) 按地点变换的顺序写。按地点的变换顺序写，常用于写游记、参观记、活动。如《记金华的双龙洞》，是按金华城→罗甸→路上→洞口→外洞→孔隙→内洞→出洞的先后顺序，记叙金华双龙洞的总体情况和主要特征。(3) 按事情发展的顺序写。如《十六年前的回忆》，作者写了父亲被捕前、被捕时、法庭上、被害后发生的事情。有的文章按事情的起因、经过、结果的顺序来写。(4) 按不同内容的类别顺序写。按事物的性质把内容分为若干类别，然后按照分类顺序记叙。如《我的伯父鲁迅先生》，作者写了不同内容的四件事：讲《水浒传》、谈“碰壁”、救护车夫、关心女佣，表达了鲁迅先生“为自己想得少，为别人想得多”的高贵品质。(5) 按总述与分述的顺序写。如《再见了，亲人》，前三段分别描述志愿军同大娘、小金花、大嫂告别的情景，最后一段总结中朝人民的深情厚谊。学生习作普遍存在不按一定顺序组织材料的问题，经常是想到哪里写到哪里。

2. 通过联想和想象表达感受。

写景的文章如果能抓住景物的特点进行合理的联想和想象，就会使所描写的景物形象化、具体化，也会更准确地表达感受。如《草虫的村落》，作者以别具一格的观察力、想象力和创造力，为我们描绘了这样一次奇异的游历。也可以引导孩子们通过走进大自然，充分发挥想象力，写一写身边的大自然。《月光曲》里的兄妹俩，因为热爱音乐，听着贝多芬弹奏的月光曲，看到了从未看到过的景象，先是看到微波粼粼的海面，接着看见月光照耀下卷起巨浪的大海，最后看到了汹涌澎湃的大海，这一切都是随着音乐节奏的高低起伏产生的联想，反过来衬托出音乐的无穷魅力。如果孩子们能在习作中充分运用合理的联想和想象，一定会写出感染力极强的习作。

3. 恰当地运用修辞手法。

修辞手法的正确运用，不仅能给孩子们的口语交际增添趣味性，也能让孩子们在作文写作中增添色彩。小学阶段常用的修辞手法有比喻、拟人、排比、夸张、设问、反问、对偶、借代。如《山中访友》，通过运用拟人化的修辞手法，使山中的一切都有了个性，有了生命的活力。学完课文后，我让学生试着写一写校园中的一切。校园中的一切，哪个不是我的好朋友？我热切地跟他们打招呼：你好！笔直的竹子，你是要提醒我们写作业时要坐端正吗？你好！宽阔的操场，你默默无闻地为我们作贡献，多少同学在你的帮助下变得活泼、开朗。你好，桂花树，你是要把香气带给每个人吗？喂，淘气的麻雀，叽叽喳喳地在谈些什么呢？我猜你们津津乐道的，是同学们学习的认真劲。如果孩子们能把从课文中学到的方法现学现用，不就提高了习作能力了吗？

课文中的方法很多，只要我们愿意研究就一定会有更多的发现。例如：在说明中使用的说明方法，运用列数字、举例子、打比方、作比较、分类别、下定义等把一个事物说具体。指导写作时，还可以给学生一些比较理性的认识，如“从一个侧面写人”，可以让学生明白：从一个侧面写人，就是抓住人物最能表现其个性的某个部位、某种动作、某种习惯，着力进行描写。学习描写人物的方法，可以从动作、神态、外貌、心理等方面描写，通过细节描写来反映人物的品质。还可以通过正面、侧面描写来丰富习作内容，增强习作的感染力。

叶圣陶先生说：“教师善读善作，深知甘苦，左右逢源，则为学生引路，可事半功倍。”苏霍姆林斯基认为：“学生不会写作文，最简单的原因，就是教师自己不会写作文。”文无定法，但须有法。教师在教的过程中，通过亲身实践，钻研教材，认真提炼，把每一篇课文作为范本揣摩，让学生与教材、与社会、与自然、与自我对话，真正感悟生活的点点滴滴，促进灵魂净化，让写作与做人融为一体。教师把习作教学同课文有机结合，从教材中挖掘习作资源，一定会有意想不到的收获。对于小学的习作教学来说，每个语文教师要主动作为，挖掘文本中的有效信息，充分运用文本资源，把纸上的内容与生活实践有效结合，就能找到提高学生习作能力的金钥匙。

人生太贵，经不起半点浪费，把时间精确到秒，把学习作为解决一切问题的关键，就没有比人更高的山峰，也没有比双脚更远的路。愿扎根乡村教育的我们越来越自信，乡村教育的道路越走越宽阔，越走越有力量。

给学生一片蓝天，让心灵尽情绽放

——低年级写话教学的几点尝试

新课程标准把低年级的写作称为“写话”，明确提出低年级的目标是“对写话有兴趣，写自己想说的话，写想象中的事物，写出自己对周围事物的认识和感想。其目的是降低难度，鼓励学生把心中所想、口中要说的话用文字写下来，让学生处于一种放松的心态，真正做到“我手写我口，我手写我心”。

目前，写话教学存在着不少问题：

第一，学生缺乏写话的兴趣，对写话有一种畏难情绪。

第二，教师指导过细，学生缺乏主动性，思维受到约束，没有想象的空间，致使写话千篇一律，索然无味。

第三，教师要求过高，评价过于简单，扼杀了学生写话的心灵。

如何改变这一现象？我认为给学生创造成功感，培养自信心，激发学生写话的兴趣尤为重要，不仅要解决“愿意写”的问题，还要帮助学生解决“写什么”“怎样写”的问题。以下是我的一些尝试。

第一阶段：雏鹰起飞

（一）降低起点，培养写话兴趣

兴趣是最好的老师，是学习的动力，是成功的秘诀。对于低年级孩子来说，控制能力差，只有当写话成为学生心甘情愿的事，成为让学生迫不及待地把见闻感受淋漓尽致表达出来的工具之时，写话才可说是灵动的，是有生命力的，否则，它只是学生的敷衍了事。在写话的开始阶段，不必强调种种规矩，而应让孩子放胆去写。就像初学走路的婴儿，走得快与慢，好与差都显得不再重要，只要每个学生都敢于大胆地把想法讲出来，写下来，哪怕其中有一个词、一句话有闪光点，教师都要给予及时的肯定。

1. 不要求写话的字数。

在写话时，我并不要求学生把事情叙述得多么具体生动，也不限制书写的篇幅，将写话的要求适当降低，消除孩子的畏惧感。只要能写一句话，把话写完整就行。比如，我布置了一次写话：介绍我的家庭成员。有的学生写道："我的家里有爸爸、妈妈和我。"这句话中并没有把爸爸、妈妈是干什么的，喜欢什么，有什么特点写出来，但是他把句子写得很通顺完整，我给予了鼓励和表扬。这样就使孩子觉得写话并不难，不畏惧写话，只要把想法写成一句完整的话就好了。

2. 不要求写话的质量。

写话时不要求学生把周围的事物写得多么生动具体，不要求学生用华丽的词语去描绘，只要学生能把自己的想法写清楚，让人看明白就行。比如，运动会那天，我让学生把看到的写下来，有的写道："我参加了拔河比赛，一共拔了三轮，结果拔赢了，我真高兴。"还有的写道："今天，我参加了拍球比赛，手中的球总是掉，我只好又回去捡，结果输了。"这些句子没有动人之处，但是学生把经历写出来了，让人看明白了，于是，我给予了很大的鼓励。由于层次的差异，在教学中我也发现，有不少识字量大、阅读能力强的学生，他们不仅能把一句话写完整，而且能够写很多句子，甚至写一段话。比如，有一位学生写自己的小手："我有一双小手，这双小手可真能干。他会给爸爸拿香烟，给妈妈洗碗，给奶奶捶背，还会画画、写字呢！”对于写作能力强的孩子，我利用读报课让他们把写的话大声地读给大家听，鼓励其他的学生向他们学习。

3. 不要求写话的内容。

刚开始我让学生写话，有的学生就问我：“老师，写什么？”我告诉他们：“你想把你的什么想法、秘密告诉老师，你就写什么？”交上来的习作很多都是一句话，并且中间用了很多拼音，有的写道：“我 zuì 喜欢我的布 wá wa。”有的写：“我家里 xīn mǎi le 一台 cǎi 电，很大很大。”有的写：“老师，我长大了要当奥特曼。”还有的写着：“老师，你爱吃什么？告诉我，我用零花钱买给你吃。”……尽管他们写的话五花八门，有的甚至不着边际，但我从不轻易否认，我很满意，因为孩子们才一年级，表达能力有限，但至少他们愿意在日记中写出自己丰富的内心世界，这就是很好的开始。儿童习作中常会出现一些虽显稚嫩却颇具灵性的句子，如“大树也会唱歌”，“晚霞就是太阳公公刚脱下来的衣服”，“奶奶是我的故事书”，“太阳公公也很调皮，有时他也睡懒觉，不来上班”……这些句子突破语法、修辞、逻辑，充满灵气，这样灵动的表达更需要教师的培植和呵护。

4. 不要求写话的形式。

在写话的起步阶段，学生积累的字词有限，对周围事物的认识及感受不能全用语言文字来表达。于是，我提倡学生用已掌握的拼音代替不会写的字，甚至根据自己的爱好还可以用简笔画代替某样物品。我还为学生设计了“绘图日记”这一形式：第一行写“×月×日星期×天气×”，天气可以画相应的图案，晴天就画一个太阳，阴天就画一朵云，如果下雨就在云朵下画雨丝。学生觉得很有意思，有的孩子还给太阳戴上太阳镜，给云朵添上笑脸，有趣极了。下面接着写想说的话，写什么都行，写多少都可以，但一定要真实的想法。再下面是“我的画”，让学生想办法把日记打扮得美一点，画上喜欢的内容。刚开始时，有的孩子写的话与画的画不配套，于是我就把“指导”放入对写得很棒的孩子的表扬上，引导孩子看这些学生的绘画日记，分析哪里好，利用孩子好强上进的心理特点，激发他们认真学习他人长处的积极性。果然，多数学生有了变化。学生喜欢这种图文结合的形式，他们都很认真地写，再为日记配上相应的图，还涂上丰富多彩的颜色，使整个版面看起来富有童趣。在一篇篇图文并茂的日记中，学生用五彩的笔、简短的话表达了他们对生活的感受，留下了他们美好的童年记忆，更重要的是他们爱上了写话。

（二）真心赞美，激发写话兴趣

俗话说“童言无忌”，学生的文章常常出现一些虽显幼稚但颇具智慧的句子，对这种充满灵性的表达要细心呵护，评价要采用鼓励性的语言，以赞赏的眼光看学生的作品。尽量找出他们的优点，并大加鼓励。学生刚开始练习写话时，自然有字不成词、词不成句、句不成篇的情况，教师要注意放宽尺度，寻找不同程度的学生在写话中的点滴进步，予以充分肯定。

1. 语言赞美。

每次批改习作时，教师尽量采用面批的方式，和学生一同欣赏，把热情洋溢的赞美语言当面送给学生。一句“你真聪明”“你的想象力真丰富”，能让学生如沐春风，容光满面，成功感油然而生，能极大地激发学生写话的热情。

2. 符号赞美。

学生是喜欢猎奇的，思维是形象的，他们喜欢各种各样的赞美符号。书面批改时，教师只要发现闪光的词句，或新奇，或优美，或有趣，都绝对不要放过，在下面划上鲜红的波浪线，让作业本上彩霞满天，文末也用上各种各样的评价式赞美符号：画只蜻蜓，表扬学生善于观察，是“火眼金睛”；竖起大拇指，表扬学生能把动作写清楚；画对翅膀，表扬学生想象力丰富，善于联想；画张笑脸，表示你写的话让老师感到了快乐；画上几个大苹果，表示学生这次写话有收获；画个问号，表示再仔细想想，可以改一改吗。

3. 表情赞美。

在全班讲评时，教师对于优秀的习作，要善于用积极的表情赞美，一个点头，一个微笑，对孩子来说都是一种激励。孩子喜欢得到表扬，积极的表情能感染学生，点燃激情。教师要讲究赞美的弹性，让学生充分享受成功的喜悦。当大家一起评议，欣赏典型生动的语段时，小作者在赞美声中愉悦地享受着成功。对于那些整体不理想的，找出局部的精彩，放大处理。如一个学生在写《放风筝》时，只写了一句话：“今天，许多小朋友在绿油油的草地上放风筝。”当我把他的作文在班上大声朗读时，他却低下了头，班上其他的同学也窃窃私语：“这么少啊！”而我却这样对同学们说：“这位同学的写话虽然只有一句话，但是他用了‘绿油油’这么一个漂亮的词，把草地写得太美了，连老师都想去草地上放一次风筝。”当我的话音刚落，他低着的头突然抬了起来，脸上挂满了笑容。也许在我们的赞美中，这些星星之火就会逐渐燎原。值得注意的是，无论运用何种赞美策略，都要真心。

第二阶段：低空盘旋

（一）积累素材，丰富写话内容

语文课程标准中指出："语文教学要重视积累、熏陶和培养语感。"数量的积累才有可能导致质的提升。没有大量的语言积累，学生是无法写好作文的。

1. 课内积累。

入选语文教材的文章不但文质兼美，而且富有人文色彩。在阅读中，教师要引导学生进行积累，把优美的词语和精妙的句子摘抄下来，并在文章中加以运用。新课程的课文编排特别注重语言的优美生动，词汇的积累，每个单元开始都安排了一些词汇方面的内容，如第二册识字一主要是积累描写春天的词汇，识字七是一些反义词的积累。在阅读过程中，学生可以清晰地感受文章那极具感染力的美，可以充分地感知文章的意境美、思想美，从而深深地喜爱祖国优美、丰富、神奇的语言文字，并由衷地希望自己也能写出像课文一样美的语句。

2. 课外积累。

利用中午或其他课余时间，安排学生进行课外阅读，要求他们准备一个笔记本，把文章中的好词摘录下来，定期进行评比汇报。

学生词汇量的丰富，对写话起到了非常重要的作用。学生的语言不再那么枯燥乏味，表达更加精彩纷呈，如表示天气时，他们会用万里无云、秋高气爽、雷声大作……表示心情时他们会用满怀欣喜、心花怒放、伤心欲哭……经过长期的积累和内化，学生写作的语言资料库不断丰富完善，写作时遇到的障碍大大减少，作文也能生动起来。

（二）拓展训练，学习写话方法

叶圣陶先生说过："生活就如泉源，文章犹如溪水，泉源丰盛而不枯竭，溪水自然活泼地流个不歇。"但是低年级的学生年龄小，缺乏敏锐的观察、思考能力，对身边的人、事、物常常是熟视无睹。如不加以引导，他们写话时就会觉得无从下手，不知该写何物。因此，教师应不断给予帮助，引领他们睁开眼睛观察，竖起耳朵倾听，敞开心扉感悟生活，从而为写话积累丰富而鲜活的题材。

1. 依托文本巧训练。

（1）仿。

儿童心理学研究表明，模仿是儿童从事学习必不可少的基本手段，特别是低年级学生，他们生活经验贫乏，语言积累不丰富，写作方法没掌握，让学生模仿文本，从文本中汲取遣词造句和布局谋篇的方法，不失为一种好方法。如：学了《月亮的心愿》后，我指导学生仿写：月亮阿姨来到谁家，她看到了什么？她想和谁说什么？学了《雨点》后，我指导学生仿编儿歌：雨点还会落进哪里？学生写道：雨点落进泥土里，在泥土里躲猫猫。雨点落在花瓣里，在花瓣里睡觉。雨点落进校园里，和我们赛跑……

教材中的优秀范文还有很多，如《柳树醒了》《荷叶圆圆》《四个太阳》《画风》《黄山奇石》等，我们都可以引导学生加以模仿。

（2）续。

即根据课文故事结尾展开想象，让故事延续下去，使故事有个结果。如学了《坐井观天》后，可以启发学生想象：假如青蛙听从了小鸟的建议，它跳出井口后，会看到什么景象？看到小鸟会说些什么？在路上，它会遇到哪些动物，它又会说些什么？以"青蛙跳出井口以后"为题，续编故事。

(3) 扩。

即把课文中写得比较概括简单的情节加以扩充。如《丑小鸭》一文中写道：丑小鸭来到世界上，除了鸭妈妈，谁都欺负他。疼爱的情况是“空白”，启发学生想象扩充情节写一段话，既加深对课文的理解，又培养了创造想象力。

2. 体验生活引源泉。

生活是一个取之不尽、用之不竭的材料宝库，是孩子们创作的源泉，大自然是孩子最好的课堂，体验是孩子最真的感受。每一天的生活都可以从不同侧面、不同角度向人们展示生活的真谛，或大或小，或浅或深，学生接触生活，体味生活，自然会产生许多主观想法，而在截取生活中最精彩、最有趣、最值得回顾的场景时，他们会有深刻的思考。很多美好的心愿、大胆的设想、疑惑不解的问题会通过语言文字泉涌而出。

如在学生观察生活、理解生活时，我设计了这样的写话练习：

写话内容	举　　例
1. 写做过的	星期天，我帮妈妈洗碗。
2. 写看到的	我回到家，看到一群小鸡在吃米，真可爱。
3. 写听到的	我正在家里做作业，突然听到轰隆隆的声音，出去一看，哦！原来要下雨了。
4. 写闻到的	每天放学回家，我都能闻到妈妈做的菜饭的香味。
5. 写尝到的	山上的杨梅红了，我摘了一颗，塞进嘴里，又酸又甜。
6. 写触到的	在菜市场上，我用手去捉鱼，鱼好光滑呀！
7. 写想到的	今天放学后，我在街上看到我最喜欢的玩具，心里想，要是我能买下来，那该多好啊！

生活是教学的源泉，也是孩子们认识世界的重要途径。让孩子们走出课堂，走进生活，不仅能发现、积累丰富的写话素材，还能激发他们写话的兴趣。因此，教师有意识地为学生创设一些观察游戏，引导孩子们通过自己的眼、耳、口、鼻细心观察自然界中的一景一物，静心感悟生活中的点点滴滴，到广阔的生活园林中去折枝采叶，在广阔的海洋中去吸取水分，如果把这一枝一叶、一点一滴及时收集，并把它真实地记录下来，那么日积月累，一枝一叶就会变成枝繁叶茂的森林，一点一滴就会变成浩瀚的海洋。作文的思路就会不断开阔。

第三阶段：展翅高飞

爱因斯坦说："想象比知识更重要，因为知识是有限的，而想象概括着世界上的一切，推动着进步，并且是知识进化的源泉。"丰富的想象是创新的源泉，伴着想象的翅膀自由地让每个孩子找到展现自己的舞台。

（一）巧用图形，拓宽想象

想象的基础是表象，而图形则是表象的缩影，是最形象直观的表象。所谓图形游戏，即利用生活中常见的简单图形(如圆形、三角形、长方形等)，进行游戏。同一图形，不同角度不同方位可以产生不同想象，教师经常引导学生对一些简单的图形，多角度、全方位地仔细观察想象，可以培养学生求异想象思维、逆向想象思维，拓宽学生想象空间。如：教师画一个"○"，请他给这幅图加几笔，成为新图，并根据图意写几句话。有的孩子添上几笔，画成了一张小女孩的笑脸，写道：今天，我在课堂上专心听讲，老师表扬了我，我高兴地笑了。有的孩子添上几笔，画成了一个圆圆的西瓜，写道：今天的天气真热，我一回到家，发现妈妈买来了一个又大又圆的西瓜，我连忙叫道："妈妈，妈妈，我要吃西瓜——"寥寥数笔，短短几句话，闪现的却是一颗颗独特的、极富个性的童心。

（二）借助声音，引发想象

儿童往往是用形象、色彩、声音来进行思维的。在教学前，可以事先录制一些富有情趣的声音或音乐，课堂上放给学生听，然后让学生进行想象。著名教师于永正在上作文指导课时向学生提供了三组声音：

第一组　轰隆隆　呼呼　哗啦啦

第二组　咯咯　嘿嘿　嘻嘻

第三组　啪　呜啪　扑哧

学生兴趣盎然，展开了丰富的想象，有的孩子写道：轰隆隆，雷公公响起来了，风呼呼地刮起来，紧接着，下起了大雨，"哗啦啦—— 哗啦啦"……有的孩子写道：讨厌的蚊子老是在眼前飞来飞去，我拿起拍子，使劲一拍，不料却拍在了妹妹手上，妹妹顿时"呜——"地哭了起来，这可怎么办？我连忙使出浑身解数，终于，"扑哧——"一声，妹妹笑了。学生的作品真是五花八门，精彩纷呈。

（三）利用"留白"，放飞想象

所谓留白，就是在作品中留下令人无限遐想的空间，让人放飞思维、创造美好的意境。语文课本中有许多这样的留白，这些留白都可以成为训练学生想象作文的绝好题材。在一年级下册语文园地八中，教材向我们提供了三幅画面，第一幅是几只小猴子在小河边玩皮球，第二幅是皮球不小心掉到河里去了，第四幅是小猴子又在河边高兴地玩皮球。其中第三幅是空白的，皮球是怎么捞上来的呢？此处留白，充分激发了学生的想象力，有的写小猴子去拿来了一张大网，往河里一撒，就把皮球捞上来了；有的写小猴子在树上一只一只地挂下来，最后捞到了皮球；也有的写他们拿来了一根很长的树枝，慢慢地把皮球拨到了岸边……孩子们的想象富有童趣。

最后，我想用在《小学语文教学》杂志中读到的一句话结束今天与大家的愉快交流：读万卷书，不如行万里路；行万里路，不如阅人无数；阅人无数，不如名师指路；名师指路，不如自己开悟。

路，并非仅仅依靠他人指引，而是需要自己去领悟其中的真谛。教育乃是一项能够唤醒沉睡生命、启迪内在智慧、点燃思想火花的伟大工程。在此，衷心祝愿在座的每一位教师，能够在这漫长的教育之路上坚定地不断前行，为那如花朵般绚烂的事业，收获令人欣喜的累累硕果。

教师专业成长之路

——贵州省乡村名师小学语文滕宇工作室线下研修活动微型讲座讲稿

作为一名普通的老师，我深知许多人是不大喜欢听报告、讲座之类的东西的，君不见出去学习，听课时人满为患，报告时走了一半，会场上稀稀拉拉，效果是事倍功半。就是全国知名教育专家的讲座，有时也会遭受如此境遇，何况我一个无名小卒，所以，大家不要对我们的讲座抱有多少期望值，如果我讲的一个策略能得到你的认可，就不错了，或者是有一句话，能拨动你的心弦，就很好了。

自从我们踏上讲台，成为一名光荣的人民教师，从此我们的生活就和“诗意”牵手，我们的人生就和“奉献”结缘，我们的生命就和“精彩”融合。

在我们走向工作之前，对自身的成长都有着良好的愿望，但教师职业的清苦、平凡、艰辛和劳累，很快就粉碎了一些人美好的思想。随着“末位淘汰制”的逐渐试行和推广，收入分配与工作业绩及教学科研业绩的挂钩，新鲜感很快荡然无存，带来的是对教师职业的巨大压力、对职业理想的动摇，成长动机低落。

如果一个教师仅仅满足于获得经验而不对经验进行深入的思考，那么，即使是有 20 年的教学经验，也许只是一年工作的 20 次重复。只有拥有教育和教学经验而又不断反思的教师，才能获得真正的成长。一个任教 30 年的老教师，教学效果为什么比不上只教了3年的新教师？因为他在30年里都在重复着一年的教学经验。由此可见，教师是否愿意花时间反思工作，是教师是否具有专业素养的标志。没有最好，只有更好。学海无涯，艺无止境。教师的专业追求、专业探索、专业提升，要靠不断反思，教师要学会在言说和行动中思考，在反思批判中成长。教师的教育生活就是一种学术行为，教师的一言一行都应不断反思。这也许将成为教师需要时时温习的功课。

现实工作中，我们由于缺乏专业发展的意识和行为，几十年过去了，虽由昔日的小伙子、小姑娘变成了弯腰弓背的长者，可教学能力却“涛声依旧”。如何引领教师专业成长，是基础课程改革既平凡又繁重，既凸显又持续的一项任务，因此，作为教师必须树立专业成长意识。下面，我将从两个方面和大家分享。

一、教师专业成长的内涵与意义

“专业成长”，就是将“专业”与“成长”两个概念合并，简言之，即指在专业工作上的专业成熟。

美国学者费尼认为，“专业成长”指的是活动的结果——即活动要能成功导向更好的转变。他将专业成长的活动划分为五个阶段：有机会参加专业成长的活动；确实参加了此项活动；在活动中确实有成长；教学行为成长的反思；教学后导致学生学习效果提高。

教师的专业成长是一个渐进的过程，这个过程除了需要专家引领外，更需要教师的自我反思，自我提高。

教师的专业成长是一个从教师个体被动专业化到主动专业的发展历程。

【故事】安于现状的青蛙

有一个叫作煮青蛙的著名实验，是由美国康奈尔大学的生物学教授做的。实验是这样的：先把一只青蛙冷不防地丢进煮沸的水中，由于青蛙反应灵敏，在千钧一发之际，它用尽全身力气跳出水锅，安全地逃生了。

30 分钟后，教授们又使用一个同样大小的铁锅，这一次在锅里放满了冷水，然后把这只曾经死里逃生的青蛙放进去，这只青蛙在锅里欢快地表演着它的游泳技巧。

【思考】

(1) 这个故事有什么启发意义？

(2) 在我们身边，有类似的事情发生吗？举例说明。

(3) 看看你自己适应环境的能力如何？

(4) 你所处的“现状”，是不是一锅“温水”，你意识到安于现状的可怕了吗？

(5) 我们是不是应该强化一下危机意识了？

【启示】

安于现状是非常可怕的，缺乏危机意识，等于是对自己的生命不负责任。不管你扮演什么角色，不管你现在多么成功，也不管你现在所处的环境多么舒适，都必须主动改变自己，以应对环境恶化。

二、教师专业成长的发展策略

教师的成长既有组织培养又有自我发展的问题。但由于教师专业发展的特殊性，教师个人主体的自主性对其专业发展就更为重要，主要表现在教师决定活动的目的，选择活动的方式和进程，自我监控和调节自己的活动等几个方面。严格地讲，它需要教师从三个大点来落实。

主要的发展策略：系统的读书学习，完善的技能训练，科学的自我反思。

1. 系统的读书学习。

《教育学》《心理学》《语文教育心理学》《数学教育心理学》《小学语文教学论》《小学数学教学论》《小学语文教学设计》《小学数学教学设计》《小学课堂教学艺术》《小学教师的文学修养》《小学教师的艺术修养》《如何取得教学的最佳效果》等，都是必读书籍。小学教师是“杂家”，还要多读专业知识以外的书，开阔视野。

除了在院校所学到的理论知识外，有了实践经验的教师也必须与时俱进，不断地学习最新的教育理论知识，才能真正理解和解决不断发展的教育实践中所出现的各种问题。教师必须终身学习，才能找到理论与实践的结合点，促进专业发展。

1996 年，联合国教科文组织在其报告《教育——财富蕴藏其中》明确指出：“终身教育的概念是进入 21 世纪的关键所在，终身学习是 21 世纪的生存概念。”

王崧舟，诗意语文的倡导者。在谈到他的成长过程时，提到的重要的一点就是读了大量的书。读书在客观上给他的专业成长注入了源源不断的活水，为他的教育思考奠定坚实的基础，形成了厚积薄发的态势。

王崧舟把读的书内化为教学信念和教学行为，并不断地用来指导教学实践。正由于有了这样的理论充实和积淀，王崧舟的语文教学才充满了诗意，蕴含着深厚的美感。

2. 完善的技能训练。

教育教学是一种信息传播的过程，是一种艺术再现的活动。没有一种完善的传播技能和再现技巧，再好的教育教学都将成为一句空话，也达不到预期的效果。

在专业发展过程中，不可少的是建立教研伙伴（研共体）。同伴互助，就是教师之间真诚的合作、交流和共享。它的基本形式：交谈（对话）、协作、帮助等。互助载体：学科年级备课组。互助要求：以老带新，以强带弱。专业引领的类型有校长的引领、专家的引领，名师的引领，学科带头人的引领，骨干教师的引领。

3. 科学的自我反思。

没有一个教师可以单靠培养和训练就成为学者型教师的。

教师的教学经验反思是导致一部分教师成为学者型教师而另外一部分却不能的一个重要原因。

波斯纳提出了教师成长公式：经验+反思=成长。

逐步改变：教师“教而不思、教而不研”，学生“学而不思、学而不研”。

如果一个教师仅仅满足于获得经验而不对经验进行深入的思考，那么，即使是有 20 年的教学经验，也许只是一年工作的 20 次重复。只有拥有教育和教学经验而又不断反思的教师才能获得真正的成长。

一个任教 30 年的老教师，教学效果为什么比不上只教了 3 年的新教师？因为他在 30 年里都在重复着一年的教学经验。又如有的老师，今天想在语文教学上有所建树，明天又想在数学教学方面“出人头地”。几十年过去了，昔日的小伙子、小姑娘变成了弯腰弓背的长者，可教学能力“涛声依旧”。

掌握“两个要素”：自我反思，专业引领。

自我反思就是教师主动研究自己，是对教育理念、教学方法、教学过程、效果进行全方位的反省和修正，是对职业活动中所做出行为以及由此产生的结果进行审视和分析。在反思中提高，在研究中成长。

专业引领：没有理论指导的实践，盲动、被动；没有专业引领的教学，同水平的重复。专业引领是教师专业化发展的快速通道。

国内外多项研究结果表明：教师教学经验的自我反思、同伴交流和一定的专业引领成为教师专业成长的重要途径。

因此，教师必须树立专业成长的意识，“师者，传道，授业，解惑”，做到“德高为师、学高为范、技高为师、身正为范”。新课程背景下的教师，不能只是“一桶水”，而要变成源源不断的自来水，这就要求教师改变自身的专业成长方式，努力达到“工作学习化、学习工作化”的要求，充分认识到文凭只不过是一张“旧船票”，持着它不能登上新时代发展的“新客船”，认识到“学习是教师成长的保鲜剂”，只有不断学习，在教学实践中不断反思，才能得到持续发展。

各位老师：对于教育，我们应该激情不老，这应该成为老师的重要追求。马克思说，激情是人追求对象世界的一种本质力量。只要生命在，激情就在。教师的激情就是要点燃学生的情绪，照亮学生的心灵。对教育的激情，应该从现在的外在表象化为内在的精神气质。不因年龄的增长，环境的改变，地位的升降而改变。

教育，不变的永远不会变，改变的必将会改变。创新不是推倒历史，更不是在沙漠上建设大厦。回顾过去是有益处的，如果我们对前人视而不见的话，我们身上的独创性不会很好地保存下来并取得快速的发展。教师要成为一名真正的审视者、反思者、继承者，但应当永远把自己定位在教育海洋中微不足道的一颗海星的角色——也许这是一种理性状态。

每一位教师在不断提升自己专业水平的道路上，必须学会调整自己，摆脱工于心计的市井之气，找到属于自己的有专业尊严感的幸福，这样教师就走向了大气象——努力成为一个教育家，而不是教书匠。这个时候，教师就成为三尺讲台上，学生百读不厌的那本厚重的、不倒的、书香四溢的大书！

可遗憾的是：我们也看到为数不少的人，把教育当作一种维持生计的手段，养家糊口的职业，由此带来的是情感上的冷漠和无奈，工作上的应付和松懈，也就没有什么激情，谈不上什么创造。这样的职业人生是灰色的，是得不到幸福的人生体验。有人说，敬业就是敬自己。我觉得，说这话的人有大智慧。

有的人总爱抱怨：我干多了，他干少了。其实，想一想，同样一段时间，我干多了，说明我的这一小段生命历程特别充实；他干少了，则可能会有很多虚度成分。干多是赚了便宜，干少了则吃了大亏。

一个好教师不全是靠培训成长起来的，更不是靠检查、评比造就的。教师很苦很累，比如各类名目繁多的学历进修，课改通识培训，市级的、省级的甚至国家级的教学比赛压得教师喘不过气来。教师自由发展的空间，已被剥夺殆尽——整天忙着读人家的“书”，自己的“书”却没有读。这种过重的外在负担将导致“肤浅后遗症”。因此，与其忙忙碌碌，不如围绕自己的特色钻研，深化、细化、创造属于自己的财富，在浮躁的现实中寻求一份属于自己的宁静，并置身其中朝着理想的目标默默努力、静静地成长！

总之，教师的专业成长是一个多元的多层次的发展体系，我们只有将自身的特点、发展水平和社会需求相结合，因地制宜，因人而异，分段实施，分层进行，经常对自己提出不同的专业成长要求，才能真正有效地促进我们专业化目标的最终实现。让我们在三尺讲台上：

修炼自己的声音，让它美妙动听；

修炼自己的语言，让它妙趣横生；

修炼自己的眼睛，让它传神丰富；

修炼自己的表情，让它神采飞扬；

修炼自己的行为，让它规范专业；

修炼自己的学识，让它犹如涌泉；

修炼自己的个性，让它鲜明唯美；

修炼自己的心灵，让它平和美丽；

修炼自己的气质，让它超凡脱俗；

修炼自己的人生，让它阳光幸福。

教育是一项事业，事业的意义在于奉献；教育是一门科学，科学的价值在于求真；教育也是一门艺术，艺术的生命在于创新。

教师要做导师，不要做教书匠；教师要做导演，不要做演员；教师要塑造学生，不要“克隆”学生；教师要追求高雅，不要自甘平庸。

活动掠影

承载苗乡希望，教育从这里启航

——写在滕宇乡村名师工作室揭牌之际

2016 年 4 月 16 日，贵州省滕宇乡村名师工作室揭牌成立，这是为了能够建设一支充满教育智慧的乡村名师工作室团队。作为全省第一批启动的乡村名师工作室，必将在今后的工作中真正对全县小学语文教研教改工作起到引领作用，为全县小学语文教育发展作出积极贡献。

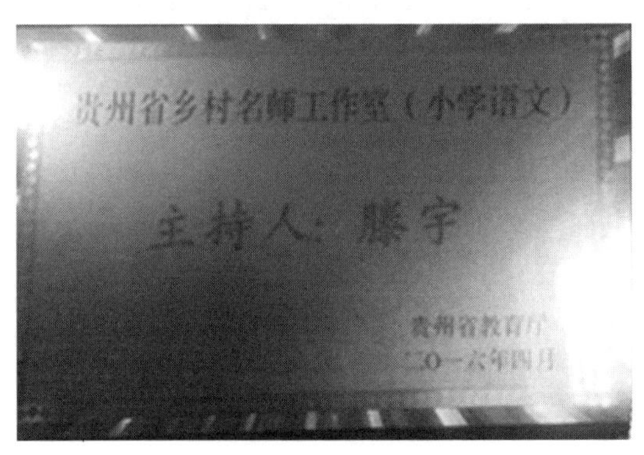

滕宇成为贵州省乡村名师工作室（小学语文）主持人

滕宇是盘信镇民族完小校长，一直以来她默默耕耘在松桃苗乡大地上，为乡村教育作出应有的贡献，多少年来她一直在教育的第一线践行一个党员教师的理想和职责。今天滕宇乡村名师工作室正式揭牌，我们相信未来的苗乡教育将从这里启航……

滕宇乡村名师工作室开展语文教研活动

2016 年 9 月 18 日，贵州省乡村名师滕宇工作室组织盘信镇民族完小语文教研组召开小学语文中年级教研总结会。

一是以常规为核心，周密地安排好每次教研活动。本学期，中年级教研组定时定点安排开展教研活动。每次教研活动，组长兼工作室成员涂逢松从课堂教学对学生习作进行引导，老师们参与的热情较高。二是以课堂为阵地，确保课堂有效性。教学是学校的命脉，课堂是教学的主阵地，让每一节课都有效是教学的主旋律。工作室每一位语文老师在集体备课的基础上严格备好每一堂课，上好每一堂课。为了提高老师课堂的有效性，教研组及时探讨上课后情况，课堂有效了，学生的知识掌握更牢固了。三是以课题为抓手，努力提升教师解读教材的能力。“文本作文教学有效课堂”是工作室的研究课题。针对课题研究的目标和方向，中年级组教师针对平时教学进行思考，反思的主题要围绕研究的主题进行。通过课堂教学的反思，找出以后作文教学改进的措施。四是以搭建教研平台为契机，锻炼教师能力。工作室教师积极参加学校开展的优质课比赛。优质课中，各教师紧扣中段教学的年段目标，在教学中注重为学生搭建平台，让学生乐说、乐写，利用文本指导学生写作文，课堂真实、扎实，体现了文本作文教学的有效性，得到全校老师一致好评。教研活动又一次激发了教师们上好语文课的积极性。

滕宇深入课堂听课，认真记录每一堂课，让老师们在教研活动中快乐成长，滕宇对本次活动进行了总结，并分享她参加省级乡村名师的经验。

滕宇乡村名师工作室开展语文公开课实践活动

为了深入学习新课改下的教学模式，推进学校教学工作改革，检验乡村名师培训效果，学校于 2016 年 10 月 15 日开展语文公开课活动。此次公开课由李晓佳、龙莎、孙序芬三位老师授课，课堂上深入落实了新的教学模式，他们以新课改理念为指导，集中备课组智慧，精心设计教案，制作了精美的课件。校长滕宇带头组织当堂没有课的老师观摩。

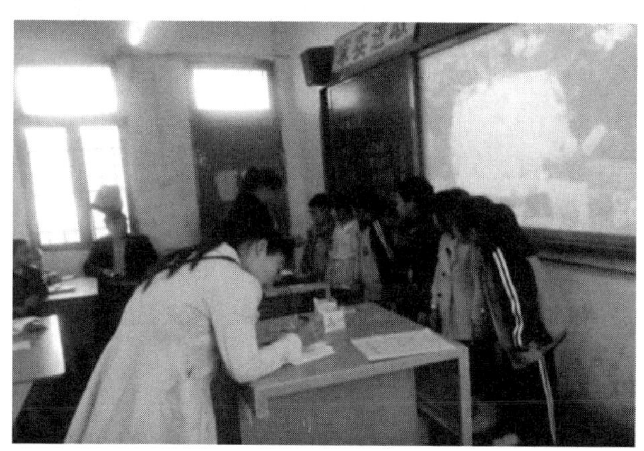

口语交际

这次公开课突出了以学生自主学习为主体的教学模式。在执教过程中，各位老师充分利用学习小组，善于调动学生的积极性，营造出轻松活泼的学习环境，把自主学习、自主探索的机会还给了学生。整个课堂师生互动性强，学生回答问题主动积极，教学效果很好。充分体现了教学改革在课堂上以学生为主体、老师为主导的教学要求。整个公开课新颖的教学模式、生动活泼的教学方法让人耳目一新，也使课堂富有活力。

阅读教学

公开课结束之后，每个听课老师都发表了感受和对这堂课的想法和意见，并进行了深入的讨论交流。此次公开课的顺利展开，势必会对学校的教学改革起到极大的推动作用。滕宇主持人对本次活动做了总结发言，要求进一步盘活课堂，唤醒学生的学习热情。

滕宇在松桃县东部片区教研活动中作小学语文阅读教学方面的专题培训

滕宇乡村名师工作室自创建以来，不断向别人学习先进经验，充分运用好乡村名师这一平台，用好用活学校的资源优势。2017 年 3 月 22 日，滕宇把自己几次外出学习的经验进行整理，开展了一次《小学语文阅读教学目标确定的策略》专题培训。

滕宇对小学语文教研活动进行总结

滕宇老师说：语文阅读教学是具有艺术性的。这种艺术的首要本质在于：依据学科自身的特点和学生学习语文的心理特征，从各个不同的角度，想方设法引导学生学习语文，这是获取高质量教学效果的决定因素。语文阅读的本质特征决定了教学内容的情感性、阅读思维的情境性、知识技能的实践性、教学方法的多样性和教学语言的示范性。阅读教学可以从四个方面进行突破：一是突出情感因素；二是引入情境，激励思维 ；三是联系生活，激励学习；四是讲究口语艺术。

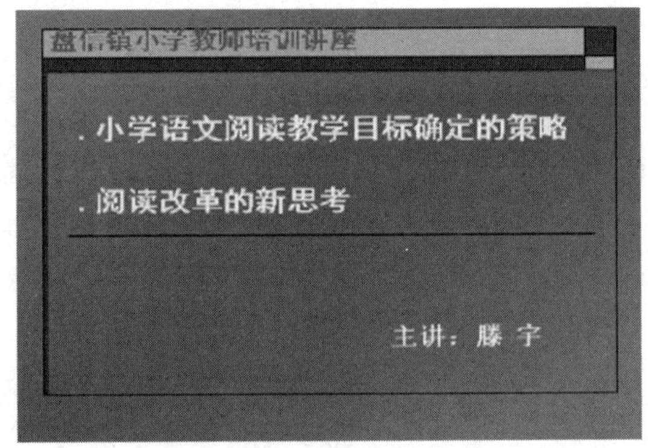

滕宇开展专题讲座

本次培训共有 42 名语文教师参加，大家认真聆听，参会教师围绕语文阅读教学中的一些困惑展开了讨论，每位参与培训的教师都充分发表了自己的见解，滕宇进行了现场答疑解惑，并分享自己在阅读教学中的实践经验。

省级乡村名师主持人滕宇参加名师工作室建设与发展专题培训

2017 年 3 月 24—25 日，省教育厅在贵阳组织召开了名师工作建设与发展专题培训会，松桃县省级乡村名师主持人滕宇参加了这次专题培训，并认真记录专家所讲的课程内容，在名师工作群里分享培训心得，与滕宇名师工作室的成员和跟岗学员一起讨论。

培训结束后，滕宇把附近的成员和学员召集在一起，对上级组织的专题培训进行传达。特别是对专家培训内容中的《木匠的房子》进行了重点讲解，看似假实是真的人生故事，每个人的人生就是一项做自己房子的工程，我们今天做事的态度，决定了明天住的房子。一个教师写一辈子教案不一定能成为名师，如果一个教师写三年反思可能成为名师。这些经典的培训内容得到大家的认可，当下的教育形势就是要打造优秀教师团队，我们一定要把省级乡村名师这个平台用好用活，帮助更多的教师成长。

滕宇名师工作室与玉屏县平溪镇中心完小开展校际交流活动

为了加强校际业务交流，进一步丰富课堂组织教学内涵，促进有效课堂教学的深入研究，搭建教师专业成长的平台，促进教师专业化成长，2017 年 4 月 7 日，玉屏县平溪镇中心完小在杨金明校长的带领下，来到松桃县盘信镇民族完小开展校际教研交流活动。

参加上课的教师在录播室献课

活动围绕“课堂组织教学”主题展开。活动中，平溪镇中心完小夏老师执教《三角形面积的应用》，夏老师的课堂教学真实、朴实、扎实；胡老师执教《小真的头发真长》，以“我会看”“我会想”“我会说”“我会练”为课堂设计线索，用热情、亲和的语言引导，整堂课充满童真和童趣。盘信镇民族完小敖俊老师的《反问句与转述句的互换》，设计独特、合理，再加上敖老师风趣幽默，整堂课行云流水、挥洒自如！

交流会上，首先由三位授课教师分享教学设计，然后是听课教师评课议课。最后，贵州省乡村名师、松桃县盘信镇民族完小校长滕宇做了总结发言。她指出开展课堂教学实效性研究，提高教学质量，是学校工作永恒的主题，将加强两校间校际交流，增进友谊，促进教育共同发展。

苗乡教育从这里飞翔

——记滕宇乡村名师工作室跟岗学员教学研讨活动

2017 年 6 月 15—16 日，贵州省乡村名师（小学语文）滕宇工作室在盘信镇民族完小举行专题讲座培训和跟岗学员教学研讨活动，松桃苗族自治县教育局教研室副主任张顺勇，贵州省特级教师、铜仁市特殊教育学校校长杨爱萍，县教育局教研员吴明富，县第二完小校长滕建敏，盘信镇民族中学校长欧继云，滕宇乡村名师工作室全体成员、跟岗学员、盘信镇部分语文学科教师共 30 多人参加了此次活动。

研讨启动仪式

为了充分发挥省级名师在教育教学研究、引领学生成长、示范带动盘信乃至全县教师专业化发展、教育精准扶贫中的辐射作用，提高当地教师实施素质教育的能力和水平，搭建教师成长和专业引领平台，根据滕宇工作室的规划特举行此次专题讲座培训和跟岗学员教学研讨活动。

本次活动分别由县教育局教研室副主任张顺勇和贵州省

特级教师、铜仁市特殊教育学校校长杨爱萍为主讲人，两个人是工作室的专家顾问。张顺勇副主任主讲的题目是《有效课堂教学的追求》，他分别从重新认识课堂、什么是有效课堂、有效课堂中的和谐师生关系、有效课堂的目标和意义四个方面阐述了有效课堂教学追求的目标。让学员和老师们明白在新时期追求有效课堂教学的步骤、过程、目标、效果和意义。

研讨集体合影

杨爱萍校长以《如何提高农村中小学教研质量》为题开展专题讲座，她从当前农村中小学教研现状、农村教研的困惑、农村教师对教研的态度、产生中小学消极教研的原因、如何提高农村中小学教研质量等方面讲述了教研的基本能力、农村中小学教研有效策略。从自己出发，分享了在教研路上艰辛且幸福快乐的成长历程。她说：教研要从基本的教学常规入手，发挥团队力量，创特色教研之路，在磨砺中凤凰涅槃！

通过讲座，进一步提升了学员和教师的课堂教研意识，让学员和老师明白教师的舞台在课堂，教育、教学、教研永远在路上。

6 月 16 日，工作室的五位跟岗学员，经过精心的准备，呈现出五节精彩纷呈的课。这样的常态课没有太多的表演成分，是实实在在的课，是可以现学现用的课。在碰撞中产生思维的火花，沉淀想法，再有新的思考。我们的课堂一样可以有深度、有广度，还会有温度。

献课教师分别是盘信镇二完小的吴国权老师，所上内容为人教版六年级下册《学弈》；盘信镇民族完小的龙莉、涂逢松老师上课的内容是人教版五年级下册的《威尼斯的小艇》和《桥》；松桃县第二完小的校长滕建敏上了一节数学课，内容是人教版五年级下册的《分数与除法》；盘信镇民族完小的龙莎上了人教版二年级下册的口语交际课——《奇妙的动物世界》。

工作室主持人滕宇说：课堂是一门缺憾的艺术，永远走在追梦的路上。我希望自己从零开始，做好课堂教学工作，把省教育厅给农村教师的平台用好用活，引领更多的农村教师实现成长。听了各位学员的课，不仅带来视觉和听觉上的冲击，还让人回味无穷、浮想联翩。

各位教师的课各有特色，也还存在一些不足，如我们在教学视频的选择方面一定要切合学生实际，必须关注每一个孩子的发展，学生能自己学会的要少教，甚至不教，最终达到教是为不教；课堂语言的评价要丰富，要多下功夫，要多学习；教无定法，贵在得法，孩子们学得轻松、学得愉快的课堂就是好课堂；教师还要注意教态，从一点一滴做起，做学生成长道路上的贵人；课堂教学中的提问要

评课议课

主持人总结

有效，尽量少一些口头禅，没有思考价值的问题不要提；小组的分组合作要注意效率，不分则已，一旦分了小组就要高效；在语文教学中要注重读的培养和训练，以读促悟，以读促思，带着问题读书，还要有学生的读书思考。

一个半小时的评课议课，大家畅所欲言，各抒己见。每个人都针对听课，提出了教学设想，对上课教师存在的问题也一针见血地指出，并提出改进意见，大家感受到浓浓的暖意，只有真诚提出意见和建议，才能让我们的课堂研讨活动有实效性。

课堂结束后，主持人滕宇给学员颁发了观摩课荣誉证书，并与大家合影留念。

两天的活动虽然结束了，但是对教学工作的研究永远没有终点。一个教师的成功只能带动一个班级，甚至只是一个学科，然而一个团队的成功，特别是农村教师团队的成功，却可以撑起农村教育的天地。正如泰戈尔所说："果实的事业是尊贵的，花的事业是甜美的，但还让我在默默献身的阴影里做叶的事业吧。"我们的省级乡村名师平台，就是教师成长的摇篮，就是引领教师专业成长的重要途径，就是助力农村教育提升的平台。

贵州省乡村名师滕宇（小学语文）工作室第一批学员结业暨第二批学员开班典礼

2017 年 12 月 16 日，贵州省乡村名师滕宇工作室在松桃县盘信镇民族完小录播室开展教学研讨及讲座。会议就是第一批学员的结业典礼和第二批学员的开班典礼。

县教育局副局长滕建勋，铜仁市特殊教育学校校长、乡村名师滕宇工作室顾问杨爱萍，县教育局教研室张顺勇主任，盘信镇中心校校长欧继云，盘信镇中心校教研员唐靖植及乡村名师滕宇工作室第一、第二批学员共计 30 余人参加活动。按照乡村名师滕宇工作室相关计划，开展了课堂教学展示、讲座及研讨交流。

杨爱萍校长致辞

杨爱萍校长作了洋溢热情的讲话。她说名师工作室是教

滕宇校长在发言

滕建勋副局长作总结讲话

给第一批学员颁发结业证书

给第一批优秀学员颁发荣誉证书

与第二批学员签订双向培养协议书

滕宇校长为新学员赠书

师成长的平台，是培养优秀教师的摇篮，希望学员们珍惜这一平台并认真学习、研修，使自己在名师工作室专家的引领下健康成长。

张顺勇主任从课堂出发对工作室工作提出了希望和愿景，希望学员们在乡村名师滕宇的引领下，立足课堂、立足现实，一切从学生实际出发，加强自身修养，在有效课堂中展现自己！

滕宇校长致欢迎词，并对新学员提出新要求。

乡村名师滕宇名师工作室助理滕建猛宣布结业人员名单并对下期工作做了安排和部署。

上午，袁仕忠老师上了一节研讨课《葡萄沟》、涂逢松老师上了一节汇报课《老人与海鸥》，课后进行评课、议课活动，参加活动的学员们分别从所见、所感、所悟出发，对两位老师的课作了公平公正的评价。

袁仕忠老师在上课

涂逢松老师在上课

教师评课议课环节

下午，滕建猛作了《校园文化建设》、滕宇作了《微课的制作》的讲座。

滕建猛在做讲座

滕宇在作讲座

最后滕建勋副局长对这次活动做了总结，他从“四个自信”出发，给名师工作室教学研讨活动和未来发展指明了方向。

领导、专家与学员合影

春暖花开名师送教，桃李争春期盼提高

——记贵州省申璐名师工作室、滕宇乡村名师工作室举行送教松桃教学研训活动

阳春三月，春暖花开，阳光明媚，桃李争春，贵州省申璐名师工作室、滕宇乡村名师工作室在 2018 年 3 月 22—24 日，在松桃苗族自治县大路镇完小举行送教松桃县教学研训活动。贵阳市南明花果园二完小、大路镇完小、盘信镇民族完小、大坪乡完小、寨英镇完小共计六十余名教师参加了此次活动。活动开始之前，贵州省申璐名师工作室为大路镇完小举行授牌仪式，授予“松桃县大路镇完小”为研训基地。

授牌仪式

本次活动共送教 11 节课，其中语文 4 节，数学 4 节，英语 3 节，讲座 3 场。为了活动的顺利举行，各校进行了精心准备，切切实实把本次活动作为交流与提升教学水平的平台。课后将进行评课议课活动。在语文课中，有识字教学，有阅读教学，有口语交际；在数学课中，有认识单位，有解决问题，有综合实践；英语课中，有中年级的口语教学，有高年级的口语教学，有游戏活动环节。所有的活动都达到了预期

效果，特别是贵阳市南明区花果园二小的周甦甦老师，以学生的学情为出发点，关心爱护每一个学生，充分尊重学生学习的权利，课堂中运用“加一加、减一减、换一换”等方法引导学生识字，“授人以鱼，不如授人以渔”，通过举一反三，提高课堂教学效率。申璐名师所作的讲座——《用另一眼看世界——浅谈教师专业发展》，通过游戏互动，专业引领，给所有参会教师极大的启发，教师在专业发展的过程难免会有这样或那样的困惑，如果我们是真心热爱教育的，换一种方式看世界，或许能体验到“山重水复疑无路，柳暗花明又一村”。

集体合影

通过上课、评课，开展专家讲座等形式，为松桃县乡镇学校教师搭建了一个很好的学习和交流的平台，形成了名师引领，相互学习、共同进步、提升质量，为打造优质集团校创造了条件，也开好一个好头，把专家请到乡镇一线，必将推动乡村教育向着更高的目标奋进。

踏踏实实做事　认认真真上课

——记贵州省乡村名师滕宇工作室送培送教到校暨集团校质量提升教学研讨活动

按照铜继教办通〔2018〕101号文件要求，2018年6月4日，贵州省乡村名师滕宇工作室在松桃苗族自治县太平完小举行送培送教到校暨集团校质量提升研讨活动，滕宇工作室主持人、成员、跟岗学员，盘信民族完小教育集团校（盘信镇民族完小、大平完小、寨英镇完小）的校长和骨干教师，盘信老营村小、大告村小负责人，大路镇中心完小、迓驾镇中心完小的校长和骨干教师，太平中心校副校长龙再海，县教育局小学语文教研负责人龙兰梅老师共计60余名教师参加此次活动。活动得到县教育局和松桃县内各成员校的大力支持，调动了广大一线教师参与课堂教学研讨的热情，承办学校太平完小超前谋划，确保让更多教师受益，发挥了工作室示范、带动、辐射作用。

集团校活动启动

本次活动共送教7节课，其中语文6节，数学1节，讲座2场。为了切切实实把本次活动作为交流与提升教学水平的平台，工作室抓好每一个环节，安排有一年级的识字，有中年级的略读课文教学，有中高年级的精读课文教学探讨，课后进行说课、评课、议课活动。课程内容精彩纷呈。工作室成员对课程内容进行了点评，听课教师充分发表意见，在交流中碰撞思想，产生思维的火花。

太平完小张琴执教《鱼游到了纸上》第一课时，针对学生识字写字极为薄弱的学情，设计了大量识字写字教学环节，只有把识字写字搞扎实，学生的语文素养才能真正提高。盘信镇民族完小田平执教《乡下人家》，课堂容量大，教学自信，在读中品，在读中悟，充分调动了学生学习的兴趣。

老师上研讨课

盘信镇二完小吴国权执教的《夸父追日》，在重点句子的理解中，采用自读自悟的方法理解课文，抓住关键字眼，快速理解课文的方法值得借鉴。迓驾镇完小田晓艳执教的《操场上》，课堂氛围活跃，把识字教学做得有声有色，注重对学生学习习惯的培养。

迓驾镇完小刘琴艳执教的《梦想的力量》，把很深的道理浅显地表达出来，鼓励学生的方式多种多样，营造学生想说、乐说、能说的课堂氛围。寨英镇完小的冉艳琴执教《鸡兔同笼》，采用开放式的教学方法，不是看教师教得怎么样，而是看学生学得怎么样。

盘信镇小杨双执教的《自己的花是让别人看的》，充分体现了以学生为主的教学理念，充分相信学生，以答求问，读中悟出道理，理解“人人为我，我为人人”的深刻含义。

老师上研讨课

谭清华老师结合学校文化建设，作了一个专题引领，把校园文化变成活的文化，进入每一个师生头脑中，真正发挥文化育人的功能。县教育局教研室龙兰梅老师针对当前老师们在教学部编教材中的一些困惑，作了一堂生动的教学专题讲座，让“山重水复疑无路”的老师们，感受了“柳暗花明又一村”。

滕宇在评课总结会上动情地说：“工作室跟岗学员通过上过关课、研讨课、示范课，真正实现了教师的专业成长，达到了预期的目的，我们的努力是有意义的。七位老师的研讨课和两位老师的专题引领，既向我们答疑解惑，又向我们抛出新的问题，今天的问题，可能是明天的问题，授人以鱼，不如授人以渔，注重方法的引领，就真正实现教学相长，在教育的道路上，老师和孩子都是一朵朵美丽的鲜花，不管是在别人眼里，还是在自己眼里，都要学会绽放美丽，只有在扎实的课堂教学中，不断反思，才能让课堂更真更美，实现有效性，提高质量。”

集体合影

把教与研结合，发挥示范引领作用，让更多的学校和教师受益，提升整体水平，促进区域内学校均衡发展，是工作室的出发点和落脚点。正如印度诗人泰戈尔所说：“使卵石臻于完美的，并非锤的打击，而是水的且歌且舞。”我们的教学研讨活动，就像做人一样，必须踏踏实实，认定一个正确的目标，坚持不懈，锲而不舍，一定可以做更好的教育人生。

贵州省乡村名师滕宇工作室到帮扶学校迓驾镇完小开展“同课异构”研讨活动

2018 年 4 月 26 日，贵州省乡村名师滕宇工作室到帮扶学校迓驾镇完小开展“同课异构”研讨活动。

为了活动的顺利开展，省乡村名师滕宇工作室全体人员进行了充分准备，她们要把最优质、最先进的教育理念带到最需要的地方去！从省乡村名师滕宇工作室成立的那天起，迓驾镇完小就是其帮扶学校，这次是为了落实本学期的工作目标，为迓驾镇小带去了一节语文课和一节数学课。得到迓驾镇小师生的好评，她们希望在以后的工作中，能得到省乡村名师工作室的大力支持和指导！

滕宇致辞

滕宇校长在总结发言中表态，在以后的工作中随时关注迓驾镇小的每一个发展和进步！

申璐名师工作室与滕宇等乡村名师工作室开展跨区域教学研训联谊活动

为深入推进基础教育课程改革，发挥名师工作室引领示范和辐射带动作用，进一步推动学校间的交流，提升课程实施水平。2018 年 10 月 12 日，贵州省小学语文名师申璐工作室，贵州省乡村名师滕宇工作室、吴碧洲工作室和邓江波工作室到盘信镇民族完小开展跨区域教学研训联谊活动。

跨区域活动启动

此次研讨活动以上课、说课、评课、议课的方式进行，教学研训范围涉及小学一至六年级六个学段的语文、数学、音乐和美术等四个科目，并有 23 位教师在课堂上展示不同学科的教学模式（示范课）。活动以“探讨高效课堂教学，交流高效教学的典型做法”的方式开展教学研训。同时，工作室的名师或成员还将举办教师专业发展专题讲座等。

集体合影

据悉，参加此次教学研训活动的学校还有盘信镇民族完小集团的寨英镇完小、太平完小和大路镇完小。通过此次活动，将会给盘信镇民族完小集团校的成员校在教学工作中带来了新的理念，并分享一些值得借鉴的成功经验。同时，也有利于学校之间携手前行、共同努力，从而促进全县基础教育水平再上一个台阶。

盘信镇民族完小与玉屏县平溪镇中心完小开展校际交流

2018 年 10 月 27 日，通过支教教师搭建平台，按照“走出去，请进来”的发展思路，松桃苗族自治县盘信镇民族完小校长滕宇带领 11 名教师，前往玉屏县平溪镇中心完小考察学习。

27 日下午，盘信镇民族完小一行到达玉屏县平溪镇中心完小，受到该校全体师生的热烈欢迎。首先，两校教师在欢乐祥和的气氛中进行了坦诚交流。座谈会上，两校负责人分别介绍了本校发展历程、教学管理、教师队伍建设、学生养成教育工作以及寄宿生管理等方面的经验做法。然后，盘信镇民族完小的教师，在玉屏县平溪镇中心完小领导的带领下，重点参观了平溪镇中心完小的校园文化建设、乡村少年宫管理、留守儿童管理、学生寝室管理等。平溪镇中心完小的校园环境卫生一尘不染，每一面墙，校园里的每一个角落都洋溢着国学经典，走进学校犹如走进一幅美丽的画卷，人在校园里走，心也跟着醉了。

平溪镇中心完小一流的管理经验，给我们留下了深刻的印象，每到一处，前往学习的教师认真观察，仔细听讲，详细记录，就是连卫生工具如何摆放也使我们产生了浓厚兴趣。一路考察下来，平溪镇中心完小鲜明的办学特色，教师乐于奉献，学生乐于学习，丰富多彩的校园文化，触动着每一个前往学习的教师，大家纷纷表示要努力借鉴先进的办学理念，推动盘信镇民族完小向着更高层次发展。

省级乡村名师滕宇工作室举行市级课题开题论证会

2019 年 3 月 15 日，省级乡村名师滕宇工作室市级课题“基于微课下的农村小学生口语交际能力培养策略研究”开题论证会在盘信镇民族完小录播室举行。市、县教育专家级课题组全体成员、盘信镇中心校办公室相关同志参加。

课题论证开题

论证会上，松桃县教研室吴广胜宣读了《铜仁市教育局关于 2018 年基础教育教学实验课题立项通知》，课题主持人省级乡村名师滕宇做了关于“基于微课下的农村小学生口语交际能力培养策略研究”的开题报告，课题组成员代表作了表态发言。

省级乡村名师滕宇工作室始终坚持科研兴教，始终坚持辐射引领，高度重视教学科研工作，鼓励教师积极开展以课题研究为引领的教育教学研究。此次市级课题的开题论证，必将推动课题研究向纵深发展，加快推进优质课堂建设，有效提升学生口语交际能力，积极促进教师专业发展。

与会同志合影

贵州省高中语文代泽斌名师工作室，小学语文乡村名师吴碧洲、滕宇、冉旭芹等四个工作室开展八校校际交流教学研讨活动

为充分发挥省级名师工作室及乡村名师工作室的教学引领、示范带头、结伴帮扶作用，进一步促进区域间的教育教学交流，做到资源共享，实现优势互补，提升乡村名师工作室建设质量，根据铜仁市名师名校长培养管理办公室关于印发《铜仁市“贵州省乡村名师工作室各主持人 2019 年上半年工作方案”》（铜名管办通〔2019〕5 号）的通知，5 月 30 日至 31 日，贵州省高中语文代泽斌名师工作室，小学语文乡村名师吴碧洲、滕宇、冉旭芹四个工作室开展八校校际交流教学研讨活动在松桃苗族自治县正大镇中学举行，共计 54 人参加此次活动。

老师课堂展示

此次活动，献课老师研讨的课都是六年级复习课：《直接引语改为间接引语》《肯定句改为双重否定句》《反问句与陈述句的互换》《修改病句》《修改病句》《习作复习》《修改病句 》《句型变换 》。献课教师立足复习，站在六年级共同交流课堂的演绎。各位授课教师八仙过海，各显神通，让生命的激情在课堂上飞扬。

活动中代泽斌主任做了《与时俱进跟党走　立德树人深潜行》的讲座，他从历史深处娓娓道来，讲述了教师的来世今生，从国家层面、民族层面、世界层面诉说了教师的历史责任和历史担当，从党和国家的高度讲述了新时代赋予教师的新使命，教书育人，立德树人。雷雨老师作了《班主任的自我成长 》讲座，分享了自己作为班主任的辛酸苦辣、喜怒哀乐，在他幽默的语言中感悟如何做好班主任。冷远玲老师分享了《小学语文教师如何评课》。

课后进行了研讨交流，就课堂中出现的问题进行了面对面探讨，立足课堂实际，规划课堂，让教师乡村学校课堂中寻找幸福感，让生命的激情在课堂上飞扬。

集体合影

“一线教育联盟”课改推进联谊活动

——滕宇等四个省级乡村名师工作室开展跨区域跨学科教学研讨

为充分发挥工作室的示范、引领和辐射作用，进一步加强工作室教研联谊互助，积极推进新课程课堂教学改革，有效提高教师教育科研水平和专业素养，强化工作室的教研氛围，为工作室之间、学校之间搭建相互研讨观摩的平台，促进松桃县小学教育教学质量的整体提高，2019 年 6 月 22 日至 24 日，“一线教育联盟”课改推进联谊活动在松桃县十五完小举行。滕宇、邓江波、吴碧洲、谭清华四个省级乡村名师工作室成员学员、县十五完小全体教师及盘信镇民族完小、大兴街道教育管理中心所辖学校部分教师参加。

课堂研讨

教学研讨立足课堂，问诊课堂，主要的献课有：四年级下册口语交际《朋友相处的秘诀》、二年级下册《长大以后做什么》、四年级下册《转述》、二年级下册《长大以后做什么》、一年级下册《打电话》、一年级下册《请你帮个忙》、五年级下册《数学广角——找次品》、四年级下册《运算定律的整理复习》、三年级下册《年月日的整理和复习》、四年级下册口语交际《自我介绍》。课堂展示后，进行了点对点的评课、议课，从而寻找课题的有效性。乡村名师滕宇校长作了《开展课题实验的程序及做法》的讲座，引领了课改课题的方向。

参观校园

此次活动以教学设计能力、教学中的用语训练、课堂评价能力、教学策略等为主要内容，综合运用示范课、名师点评、专家讲座、研讨交流为主要形式，着力于校本研训的根本，为教师们教学能力、教学素养的提升带来了丰富的营养，彰显了乡村名师辐射引领，有助于提高乡村教师队伍的素质，促进乡村教育质量的作用。

同课异构　聚焦课堂　研修之谊常青

“秋空明月悬，光彩露沾湿。”在这秋意渐浓，收获喜人的季节里，玉屏县平溪中心小学迎来了一群特别的客人。2020年10月22—23日，贵州省小学名师张小燕、周海、滕宇、谭清华、龙玲工作室联合研修活动在这里举行。来自以上工作室的成员、学员及平溪中心小学的教师参加了此次活动。本次研修活动就口语交际的课型研读、数学倍的认识两个板块进行了同课异构教学课例展示研讨活动，名师周海还就老师们关心的信息技术在教学中的运用做了专题讲座。

活动开幕仪式

10月22日下午，在活动开幕仪式上，各名师工作室用不同的形式介绍并展示了每个工作室的特色及活动开展理念。在交流中形成了共鸣，在交流中增进了了解，在交流中收获了友谊！

张小燕工作室成员汇报展示

随后，研修活动课程便紧锣密鼓地开始了。本次研修活动的第一课程，是由贵阳市花溪区溪北小学校长周海做的《信息时代教师教学的思考》的专题讲座。周校长首先通过视频让老师们思考教育这些年来的变化，畅想未来的教育形式；接着，通过翔实的数据分析信息技术在教学中的运用，以及信息技术对教学活动的现实影响；最后，周校长以身边事例，启发大家如何才能做一个适应未来信息技术发展的合格老师。

周海校长专题讲座现场

10 月 23 日上午，由各名师工作室推选的优秀课例展示将活动拉开了帷幕。活动分语文、数学两个场地同时进行，同课异构最能展示各地区及教师个体的教学艺术风格和理念，是教育火花最美的碰撞，是教学成长的最好桥梁。

教师课例精彩展示

本次活动语文学科执教的是三年级上册第七单元口语交际《身边的“小事”》，数学执教的是三年级上册《倍的认识》。全天语文、数学共展示了9节课例，也展现了各位老师扎实的基本功与丰富的教学经验。9位老师有的重在师生的互动，有的重在方法的指导，有的重在情景的创设。从9位老师的执教效果来看，她们对教材的研读细致到位，都很好地把握住了课型特点和课程标准的要求，都展示出不同的教学理念和思路，教学风格鲜明。

追梦教育不止步　仰望星空再出发

——贵州省乡村名师滕宇工作室开展送教下村活动

寒冷的冬季，斑斓的梦想，教育的课堂给了生命最炫目的底色。2020 年 12 月 18 日，为期两天的贵州省乡村名师滕宇工作室送教下村活动在盘信镇民族完小落下帷幕。此次活动充分发挥了乡村名师工作室的引领带动辐射作用，实现了优势互补，促进了乡村小学教师专业成长，推动了教育均衡发展。此次活动分别在盘信镇大告教学点、麦地教学点、盘信镇民族完小举行。

大告教学点送教

此次献课有：孙敏老师的二年级数学广角《搭配》，周载玉老师的大班语言故事《神笔马良》，石小玉老师的四年级语文《扁鹊治病》，田萍老师的一年级语文《大小多少》，田景祥老师的三年级数学《分数的认识》，龙恒远老师的二年级数学《简单的排列》，杨再保老师的四年级数学《田忌赛马》，罗敏老师的二年级语文《狐狸分奶酪》，王海文老师的二年级数学《6 的乘法口诀》，田如平老师的三年级语文《修改病句》，龙态良老师的三年级语文《富饶的西沙群岛》，李韬老师的五年级语文《太阳》，田茂清老师的三年级数学《 笔算乘法》，龙静敏老师的四年级语文《为中华之崛起而读书》，郭洁老师的三年级语文《父亲、树林和鸟》，吴江燕老师的一年级语文《比尾巴》。

活动的形式为送教互动、评课交流，在“口语交际”“识字教学”“数学广角”领域的课堂教学中，就如何有效提高课堂教学效率、引领学生参与引发思考。为期两天的送教活动落下帷幕，不谈辛苦，只谈感受；没有疲惫，只有反思。我们都应不断学习，坚定教育理想和信念，在教学实践中不断总结反思。仰望星空，脚踏实地，相信我们每个人都可以走出一番别样的教育天地。每一个老师就是经过这样的不断历练，才逐步成长，无论是送教的老师，还是听课评课的老师，我想大家为追寻课堂教育的精彩决心不曾动摇，反而是更加坚定自信。让我们在教书育人的路上，不忘初心、牢记使命，且行且思，一路前行！活动落幕了，可是，我们追寻课堂教学实践的脚步永不止步！相信，在追寻理想课堂教学的过程中，我们能欣赏更加美丽的教育风景，享受更有意义的教育快乐！此刻，天气虽然寒冷，但我们的心是温暖的，温暖来源于一群人追梦教育的行动，对教育未来的无限憧憬。追梦教育不止步，仰望星空再出发。

聚焦村级小学　助推末端发力

为充分发挥乡村名师工作室的引领、带动、辐射作用，实现优势互补，促进乡村小学教师专业成长。2021 年 4 月 23 日，省级乡村名师滕宇工作室联合开展以“聚焦村级小学，助推末端发力”为主题的教研活动，由县第十五完小和盘信镇大告小学承办。

课堂展示

活动以上交流课、专题讲座、评课议课的方式开展，涉及小学语文中的识字、阅读、习作等课例教学，共有 14 节，实行异地跨区域献课，依托乡村名师滕宇工作室的团队力量，邀请城区骨干教师送教下校，从朴实的常规课堂教学中，充分运用现代化的教学设施设备，探索优化课堂教学的策略，对乡村教师的课堂教学提升有较好的带动作用。

“今年是建党100周年，作为一名乡村党员教师，一定要在课堂上对学生进行党史教育，告诉孩子们没有共产党就没有新中国，相对于教师更应该在教育教学的提高上下功夫，把党史学习教育融入教育教学中，我们分别在松桃十五完小、盘信镇大告教学点开展联合教研活动，从课堂的角度寻找差距，发现不足，教学相长，共同提高。”县第十五完小校长滕宇说。

集体合影

本次联合教研活动，立足于易地搬迁学校，带动大兴、盘信周边20多所学校参与，受益师生达到800多人。

“通过精彩的课堂教学，丰富的讲座，为我们乡村教学点送上了问鼎课堂的大餐，让我受益匪浅，也让我明白作为一名乡村教师，搞好教育教学，就是献给建党100周年最好的礼物。”参加活动的盘信镇大告教学点龙恒远老师说。

不知道是一种巧合，还是注定要与“人才日”相遇。原本决定在4月16日举办的工作室活动，因为各种原因推到了4月23日。爱才求贤若渴，聚才广揽博用，用才任人唯贤，聚天下英才而用之。翻开新闻报道，全部是关于“人才日”的内容，尊重人才，用好人才，必将促进各种事业高质量发展。我想：名师工作室的主持人，应该算得上是教育界里的人才吧。特别是那些坚守在乡村教育阵地上的骨干教师们，不仅提升个人能力，还带动一大群人受益，值得我们敬仰和尊重。

聚是一团火，散是满天星。来自不同学校的教师，大家用课堂教学研讨的模式相聚在一起，共同交流，取长补短，并把各自学到的内容带回学校分享给同事。乡村教师专业的成长，需要一个又一个平台。省教育厅针对乡村教育的发展，设立乡村名师工作室，就是要发挥骨干教师的示范带动作用，提升乡村教师整体教育业务水平的提升。教育界要形成万马竞相奔腾的局面，需要一个又一个专业平台的引领和带动。

或许一堂课对于一个教师来说算不了什么，但是，对于一个孩子来说，能够听到一堂又一堂好课，却是一件受益终身的事。有的孩子听到一节高质量的习作课，就会对作文产生较浓厚的兴趣，从害怕作文到喜欢作文。又或者那些不善于表达的孩子，因为老师启发得当，打开了话匣子，乐于与人交流。

工作室的每次活动都需要团队的力量，抱团发展在具体的工作中体现得淋漓尽致。众人拾柴火焰高，集体智慧的力量是无穷无尽的。基础教育是源头，必须要基础工作做扎实，才能培养出更加优秀的人才。愿工作室在各级各部门高度重视人才的良好局面之下，呈现出蓬勃发展之势。

省级乡村名师滕宇工作室开展跨学科教学研讨活动

为充分发挥乡村名师工作室的引领带动辐射作用，实现优势互补，促进乡村小学教师专业成长，在“双减”政策下探讨“减负增效”工作，发挥课堂主阵地作用，11月25日，贵州省乡村名师滕宇工作室在县第十五完小开展跨学科教学研讨暨松桃县东部片区“一线教育联盟”课改推进联谊活动，来自滕宇工作室、东部片区的骨干教师近50人参加教学研讨活动，受益学生500人。

教师上课

本次活动采取示范课、同课异构、交流课、专题讲座的方式进行。工作室主持人滕宇、成员石晓英，县实验小学龙俊蓉上了3节示范课，向芝和杨秀妹两位老师进行低年级识字教学同课异构，刘立平等 9 位老师上交流课，邹志红、龙碧辉两位老师在对如何上好语文课、提升语文素养、拓展语文教学视野等方面进行专业引领。授课老师分别呈现了不同风格的课堂教学，碰撞出不一样的教学智慧。依托先进的教学设备，探讨信息技术与课堂教学有效融合，把新的教学理念融入课堂，对课改进行尝试。

教师上课

大兴管理中心教研员邓武勇说：“乡村名师工作室提供了乡村教师成长的平台，提升了教师学科素养和专业水平，打造了更加专业的农村教师队伍，对缩小城乡教育之间的差距具有积极的推动作用。”

课题研究

铜仁市基础教育课题《基于微课下农村小学生口语交际能力培养策略研究》总报告

课题负责人：滕宇

课题名称：基于微课下农村小学生口语交际能力培养策略研究

课题立项号：2018sj266

课题成员：滕建猛、龙正舟、涂逢松、石晓英、滕玲、袁仕忠、龙莉、杨双、龙蓉

摘要：当前小学语文口语交际教学中存在教学方法单一僵化、教学过程提前预设、教学对象忽视差异等问题，让微课运用于口语交际教学，能增强口语交际教学的有效性。它能为口语交际教学创设丰富的情境，充分发挥学生的主观能动性，并注重联系学生生活实际，提升学生日常交际表达能力，激发学生口语交际兴趣，提升其语言表达、交际能力的教学目标。因此，在小学语文口语交际教学中，要充分利用微课优势：录制微视频，为学生提供先行组织学习者；实施微教学，充分发挥学生的主体性；开展微评价，及时改进与提升教学质量。口语交际能力是在交往过程中表现出来的听说能力和待人处世的能力，是现代学生必须具备的一项语文基本素养。对每个单元的口语交际进行集体备课，上课教师结合本班实际再次备课，把向学生展示的内容录制成微课，

让学生提前观看，了解口语交际的具体要求。学生通过观看微课，提前储备相关知识，有准备地上口语课，提高课堂教学效率，营造学生想说的课堂表达氛围，改变过去单一的教学模式。通过与现代信息技术有效融合，提升学生口语交际能力。“学生们需要具有日常口语交际的基本能力，学会倾听、表达与交流，初步学会文明地进行人际沟通和社会交往。”可以看到，口语交际这个部分在中小学的语文教学中，一直是不可或缺的部分。尽管大部分老师都意识到口语交际的不可或缺性，但由于农村小学生整体对于社会接触面较为狭窄，导致学生们在上口语交际课，甚至日常生活中，无法达到适度的人际交往，社交沟通不足，这就对上课教师提出了更高的要求。而微课作为一种新兴的辅助教学的新元素，凭借其教学时间短、教学内容少、资源容量小、主题突出、内容具体等特点，在语文教学中迅速站稳了脚跟。使原本繁杂、枯燥的语文课堂焕发新生，填补了传统语文课堂中的空缺。

一、课题研究的目标、内容和核心概念

（一）研究目的

通过把“微课”和口语交际有机结合，提高农村学生的口语表达能力，学会与人文明、大方地交往，学会倾听，乐于表达。

（二）课题研究的内容

1.“微课”对小学语文的作用研究。

2. 农村学生口语交际能力的培养研究。

3. 把“微课”和学生口语交际能力有效整合研究。

（三）课题研究的核心概念

1.“微课”是指以视频为主要载体记录教师在课堂教育教

学过程中围绕某个知识点或教学环节而开展的精彩教与学活动全过程。“微课”的核心组成内容是课堂教学视频（课例片段），同时还包含与该教学主题相关的教学设计、素材课件、教学反思、练习测试及学生反馈、教师点评等辅助性教学资源，它们以一定的组织关系和呈现方式共同“营造”了一个半结构化、主题式的资源单元应用“小环境”。

2. 口语是口头交际使用的语言，是最早被人类普遍应用的语言形式。所有的民族都有口语。口语通常是通过声音传播的。根据需要，文学作品中也常以文字记叙口语。

3. 口语交际是指听话、说话能力在实际交往中的应用，需要充分应用口、耳、眼、手等多种感官并用在语言实践中提高口语交际的能力，也包括交际过程中分析、综合、判断、推理、概括、归纳等思维能力，分析问题和解决问题的能力，实际操作能力，创造能力等。

二、课题研究的背景和文献综述

（一）研究的背景

1. 我校完全具备课题研究的条件，但作为少数民族聚居地方，孩子们多用苗语表达，走上讲台害羞、表达不清，不具体、不完整，家长希望孩子敢说、能说、会说的愿望迫切，同时，新课程标准也明确对口语交际提出了要求。在这外部环境和课程标准的共同要求下，我们本着一切为了学生发展的宗旨，提出了这样的课题研究。

2. 纵观学生的课堂表现，许多学生不善于发言，很少主动举手回答问题。即使在被点名后，往往也是显得局促不安，表意不明，更不要说把握机会积极参与口头表达能力的训练了。久而久之，他们的口头表达能力就会逐步削弱、萎缩，在课堂中的主体地位也就不能充分地体现。因此，加强学生口头表达训练，是小学语文教学中一项十分重要的工作。“只有差别，没有差生”，培养学生的口语交际能力，是语文新课程的要求，是素质教育的重要组成部分，是关注每个学生的身心健康发展的需要。

（二）研究文献综述

1. 口语交际能力是在交往过程中表现出来的听说能力和待人处世的能力，是现代学生必须具备的一项语文基本素养。因此，落实新课程标准理念，培育学生的口语交际能力，是新课程环境下口语交际教学中一个极其重要的课题。出自《读写算：教育教学研究》，张锦银。

2. 口语交际能力是一种在交往过程中表现出来的灵活、机智的听说能力和待人处事的能力，这种能力要在语言的实践活动中培养。基于此，义务教育六年制小学语文第一册修订本新增了“口语交际”部分，以规范学生的口头语言，训练学生的听、说能力，培养他们良好的听说态度、语言习惯，以及口语交流中的语言交际能力。出自《教育界》，孙雪红。

3. 随着互联网技术的不断发展，QQ、微信等社交软件层出不穷，而微信公众平台也成了许多企业和个体展示企业文化和自我个性的良好平台，微课程作为现代教育的“新生儿”，依托公众平台，已逐渐成长为一种成熟的教育教学形式，本文浅析微课在现代小学语文教学中的作用，以期能帮助现代小学语文教学更上一层楼。出自《教育：文摘版》，柳凤。

我们课题组成员吸取了理论的精髓所在，将它与新课程标准下的口语交际相结合，并以此作为课题研究的主要理论依据。针对目前农村小学生口语交际存在的问题，研究策略，便于指导教学实践。

三、课题研究的设计、对象及方法

（一）研究设计

口语交际设计——录制口语交际“微课”——开展课堂教学研讨——学生实践——跟踪评价——对比口语交际成效——提炼方法——形成策略。

（二）研究对象

松桃苗族自治县盘信镇民族完小二（5）班、三（1）班、三（4）班、四（1）班、四（5）班。

1. 调查研究法。在教育理论的指导下，通过运用问卷、列表、访谈和测验等科学方式，有目的、有计划地搜集有关资料，为工作室成员研究提供经验原型和基础。

2. 行动研究法。在重视理论指导的基础上，强调实践和探索，边学习、边实践、边总结。

3. 文献研究法。从多学科、多角度开展对资料的比较研究，借鉴已有的研究成果和经验教训，为研究提供框架和方法论，找到提升小学教研质量的理论依据。

4. 总结法。以实践经验为基础，探索课程开发的有效途径，认真加以总结、分析、概括，从感性认识上升到教学理论高度。

5. 个案分析法。以个别案例为研究对象进行全面而深入的研究，揭示研究对象形成、变化的特点和规律，以及影响个案发展变化的各种因素，并提出相应的对策。

四、研究过程及活动

（一）成立机构、明确职责

此课题得到了松桃苗族自治县教育局、教研室和松桃苗族自治县盘信镇民族完小领导的高度重视，我们成立了专门的机构：成立滕宇课题研究工作组，省级名师、乡村名师工作室主持人滕宇负责课题总的统领，杨双、刘渊、石晓英负责课堂教学实践，涂逢松、滕建猛、龙正舟负责文字资料，县教研室张顺勇和市级名校长杨爱萍指导课题研究。盘信民族完小在上级部门重视和全体师生的共同努力下，成长为松桃县东部片区一所独具特色的民族小学，教研氛围浓厚，课堂教学大比武常态化，有一支师德高尚、乐于敬业、专业精湛的教师队伍。学校的硬件建设完善，配备了录播室、远程互动室、梦想教室、电子计算机室，“班班通”实现全覆盖，有专业的计算机教师。教师录制的微课得到省级部门表彰，有微课学科带头人，学校在口语交际方面积累了一些经验，课题组成员上口语交际公开课获得县级部门表彰。学校对课题研究的经费支持是有保障的。

（二）问卷调查、摸清学生现状

口语交际教学是小学语文教学的重要组成部分，与识字写字教学、阅读教学、写作教学和综合性学习共同组成整个小学语文教学。在语文教学中应重视培养学生的口语交际能力，这已成为语文教学改革的趋势。要把口语交际课上得生动活泼，教师就要尊重学生应有的权利、个性特长、思维与说话方式，要给学生营造一种愉悦的课堂气氛，让学生根据自己的意愿，轻松、自主地说话。

1. 调查背景。

口语交际教学是小学语文教学的重要组成部分，与识字写字教学、阅读教学、写作教学和综合性学习共同组成整个小学语文教学。小学语文课程标准指出：“口语交际是一种必备的能力，应培养学生学会倾听、表达和应对的能力，使学生具有进行文明、和谐交流的素养。”语文教学中应重视培养学生的口语交际能力，这已成为语文教学改革的趋势。要提高公民的口语交际能力，必须从小学生抓起。为了具体了解高年级学生口语交际情况，便于下阶段开展研究，探索提高学生口语交际能力的对策做准备，我对小学五年级的口语交际教学实施情况展开了调查。

2. 调查方法。

（1）调查对象

本次调查选取我校二年级至四年级 5 个班（二（5）班 15 份，三（1）班 15 份，三（4）班 12 份，四（1）班 25 份，四（5）班 55 份）的 122 名学生，发出问卷 122 份，实际收回 122 份，问卷回收率达 100%。

（2）调查方法。

本次调查主要采用问卷调查法，使用自编的问卷，即《学生口语交际现状问卷调查统计表》，问卷包括 10 个问题，涉及学生口语交际的现状、学生口语交际存在困难的原因、学生的口语交际学习方式等。在问卷编制过程中，因考虑到高年级学生的语言特点和理解水平，对问题的全面性和可答性进行了一定程度的调节，如个别学生对学生问卷存在理解上的问题，则此问卷可采用个别谈话方式进行。

3. 调查结果及分析。

调查基本情况。

表 1 《基于微课下农村小学生口语交际能力培养策略研究》调查基本情况

序号	调查问题	调查选项、人数及百分比
1	你喜欢上口语交际课吗?	A. 很喜欢 (72) (59%) B. 碰到我感兴趣的我就喜欢 (43) (35.2%) C. 不喜欢，觉得没意思 (7) (5.8%)
2	口语交际课中，你经常起来回答问题或发表自己的观点吗?	A. 经常举手发言 (28) (22.9%) B. 偶尔，不太喜欢举手 (34) (27.9%) C. 很少发言 (60) (49.2%)
3	你们的老师经常采用一些有趣的方法来激发你们的交际兴趣吗?	A. 经常采用各种方法 (72) (59%) B. 很少采用 (40) (32.8%) C. 基本上不采用 (10) (8.2%)
4	你认为你的口语交际能力怎样?	A. 很好 (28) (22.9%) B. 一般 (74) (60.7%) C. 不太理想 (20) (16.4%)
5	你认为自己的老师口语交际课上得怎么样?	A. 很生动精彩 (96) (78.7%) B. 很认真，但不够吸引人 (23) (18.9%) C. 马马虎虎，完成任务 (3) (2.4%)
6	你希望老师多开展些口语交际活动吗?	A. 非常希望(78) (63.9%) B. 希望，不过我不想参加，只想看别人怎么活动 (41) (33.6%) C. 不希望 (3) (2.5%)

序号	调查问题	调查选项、人数及百分比
7	你希望在口语交际课中给别人提意见或别人给你提意见吗？	A. 喜欢（67）（54.9%） B. 不喜欢（24）（19.7%） C. 提不提意见无所谓（31）（25.4%）
8	你认为口语交际重要吗？	A. 非常重要（101）（82.8%） B. 考试不考，无所谓（2）（1.6%） C. 不知道（19）（15.6%）
9	通过上口语交际课，你认为你自己	A. 习作能力提高很快（25）（20.5%） B. 习作能力有所提高（64）（52.5%） C. 习作能力和原来差不多（33）（27%）
10	通过上口语交际课，你认为你自己	A. 口语表达能力有所提高（54）（44.3%） B. 口语表达能力提高很快（35）（28.7%） C. 与原来差不多（33）（27%）

4. 口语交际教学现状分析。

从学生问卷调查的情况来看，学生喜欢口语交际的占59%，不喜欢或无所谓的占5.7%。可见学生还是比较喜欢口语交际课的。因此，教师口语交际教学的一项重要任务是提高学生对口语交际课的兴趣，改进教学方法，提高教学水平，话题要贴近学生生活。在上口语交际课时，喜欢主动给别人提意见的占54.9%，不喜欢的占19.7%，提不提意见无所谓的占 25.4%。通过口语交际课口语有提高的占 44.3%，跟原来差不多的占 27%。由此可见，口语交际课的开展很有必要。

5. 口语交际教学存在的问题。

课堂上很多学生不敢大胆交流，心理紧张恐惧。部分学生当众说话神情紧张，羞涩脸红，不敢正视大家，声音颤抖，手足不自然，心里有话说不出来。交流时表达不是很清楚，口语不够规范、流畅。部分学生对口语交际课的目的不明确，提不起兴趣，因此，也就不重视口语交际课。

（1）学生不愿交际，不敢交际。

有些学生胆子小，担心说错话，口语交际时，脸涨得通红，不知道说什么，这些都是学生不敢交际的表现。还有些学生本来口语功底挺不错的，但是在大庭广众之下就不愿开口了。这些学生缺乏的勇气，面前总有一道难以跨越的坎儿，不能正视自己的能力，不敢交际。

（2）学生的语言贫乏，不规范。

在口语交际中，学生由于生活经验贫乏，积累的词汇不够丰富，在说话时常常受方言影响，将不规范的方言掺杂其中，这就造成了语言表达上的障碍。交际时有的结结巴巴，有的无话可说，有的人云亦云，使原本能体现个性和创造性的口语交际变得枯燥无味。口语交际课堂往往成了尖子生展示自我的舞台，更多的学生则是观众。

（3）学生不善于倾听。

课堂上我们经常发现孩子们犯这样的错误：在课堂上以自我为中心，自己说话的时候，情绪高涨，热情投入。但是当别的同学在说的时候，就不注意听。甚至因急于表达自己的想法随意打断别人说话。

（4）目的不明确。

部分学生认为考核语文成绩主要考字、词、句、篇的掌握情况，又不考口语交际，因而说不说也没关系。

（5）兴趣不浓厚。

口语交际课内容贫乏，没有新鲜感，而且在我们的生活实践中经常遇到，不需要训练都会，更不需要老师指导。再者，题材老套，形式单一，不是和老师你问我答，就是与同桌一问一答，或者是小组讨论，真是没兴趣。

（6）态度不端正。

学生普遍认为口语交际是不用重视的。理由是：说话谁都会，没必要专门开设一堂课，也不需要用心训练与实践，到时候该怎么说都会说。只要在课堂上能把老师教的语文知识学会，课文内容理解了就行。

6. 课题研究措施。

（1）应用多媒体，广泛收集和查阅国内外有关小学口语交际教学研究的文献资料。

（2）通过座谈、访谈、问卷等形式，全面了解目前小学口语交际教学的现状及存在问题，确立课题研究的起点，寻找解决问题的方法，提出发展理论。

（3）邀请有关专家做学术报告或举办座谈，掌握全面的专业理论知识。

（4）对口语交际教学研究前后进行比较分析，及时总结小学口语交际教学研究的成果、经验，并在实践中不断完善，为建构新的小学口语交际教学模式打好基础。

（5）勤于撰写教学案例、反思，收集整理有关该课题的资料。

总之，对于口语交际这种崭新的课型，要与时俱进，更新教育理念，准确把握教材，合理利用教材，创建民主、宽松的教学环境，建立融洽的师生关系，平等地对待全体学生，处理好学生之间的关系，满足学生的自我肯定。在创造的情境中激发学生交际的兴趣和热情，让学生在互动的过程中学会沟通，激发学生的表达欲，有效地提高学生的口语交际能力。

表2 《基于微课下农村小学生口语交际能力培养策略研究》问卷调查

序号	调查问题	调查选项
1	你喜欢上口语交际课吗？	A. 很喜欢（ ） B. 碰到我感兴趣的我就喜欢（ ） C. 不喜欢，觉得没意思（ ）
2	口语交际课中，你经常起来回答问题或发表自己的观点吗？	A. 经常举手发言（ ） B. 偶尔，不太喜欢举手（ ） C. 很少发言（ ）
3	你们的老师经常采用一些有趣的方法来激发你们的交际兴趣吗？	A. 经常采用各种方法（ ） B. 很少采用（ ） C. 基本上不采用（ ）
4	你认为你的口语交际能力怎样？	A. 很好（ ） B. 一般（ ） C. 不太理想（ ）
5	你认为自己的老师口语交际课上得怎么样？	A. 很生动精彩（ ） B. 很认真，但不够吸引人（ ） C. 马马虎虎，完成任务（ ）

序号	调查问题	调查选项
6	你希望老师多开展些口语交际活动吗？	A. 非常希望(　) B. 希望，不过我不想参加，只想看别人怎么活动（　） C. 不希望（　）
7	你希望在口语交际课中给别人提意见或别人给你提意见吗？	A. 喜欢（　） B. 不喜欢（　） C. 提不提意见无所谓（　）
8	你认为口语交际重要吗？	A. 非常重要（　） B. 考试不考，无所谓（　） C. 不知道（　）
9	通过上口语交际课，你认为你自己	A. 习作能力提高很快（　） B. 习作能力有所提高（　） C. 习作能力和原来差不多（　）
10	通过上口语交际课，你认为你自己	A. 口语表达能力有所提高（　） B. 口语表达能力提高很快（　） C. 与原来差不多（　）

（三）问卷调查，摸清教师现状

1. 调查的背景及目的。

口语交际是人们日常生活、工作学习、社会交往中最基本、最常用的交流沟通方式，与各种活动密切相关，它在对方或多方互动中进行。语文课程标准对口语交际的总目标设定为“具有日常口语交际的基本能力，在各种交际活动中，学会倾听、表达和交流，初步学会文明地进行人际沟通和社会交往，发展合作精神。”基于此，我对我校语文教师口语交际教学情况进行了调查，以便进一步了解口语交际课堂教学的状况，找出其中存在的问题，为今后的口语交际教学提供参考，也为更有效地提高学生的口语交际能力，使学生更好地理解和运用语言文字，为学生的可持续发展、终身发展服务。

2. 调查对象：松桃苗族自治县盘信镇民族完小全体语文教师。

3. 调查内容及方法。

调查内容：教师对各班的口语交际现状、如何有效开展口语交际教学等情况进行了调查。

调查方法：问卷式。

4. 调查结果及分析。

综合分析调查问卷，不难看出，我校对于口语交际教学目前重视程度还不够，进行口语交际训练的渠道单一，仅仅局限于口语交际教学中，而选编进语文课本的口语交际话题毕竟有限，在训练过程中，还会受到学生的生活经验、交流习惯等的影响，导致口语交际教学达不到预设的效果。主要存在的问题有以下几个。

(1) 教师训练层次不够明晰，对于口语交际的教学应该同阅读教学一样，要做到循序渐进，有目的有层次。不同年段的学生，培养的侧重点不一样：低年段的学生只要求把话说清楚就行，对于高年段，学生的交流内容及习惯更为丰富，除了有礼貌、把话说清楚、仔细倾听、按顺序说得有条理、内容具体之外，还应该包括听他人说话时，能抓住要点，简要转述，表达时语气、态度适当这些要素。教师的训练应该以各年段目标为重点展开，这一点在以后的口语交际教学中应进一步探索提高。

（2）通过调查我们发现，不少教师认为口语交际就是口语交际课，其实，真正的口语交际训练应该是以生活的常态存在的，在生活中训练，又服务于生活。因此，作为语文教师，要有一双善于发现的眼睛，善于发现训练点、善于抓住学生的兴趣点，把口语交际教学融入课堂，时时处处进行口语交际训练，对提高学生的口语交际能力大有益处。

（3）在口语交际课堂教学中，我们发现学生更喜欢在一定的情境中展开交流，而问卷中显示一些老师不善于在创设情境方面下功夫。创设情境在口语交际教学中称得上是一个“法宝”，如何用好这一法宝就要靠老师去发现、去创设、去引导，让学生在角色体验和换位思考中进行交流。

总之，通过这次问卷调查，发现了我校在口语交际方面存在的问题，在以后的研究中，我们将针对这些问题，逐步开展研究，着重研究口语交际教学的一些方法与策略，以促进我校口语交际教学的发展。

（四）针对问题，制定方案

1. 启动阶段（2019.01—2019.03）。

进行开题，明确分工。

2. 实施阶段（2019.04—2020.04）。

（1）以课堂教学为主阵地，开展以微课教学形式提高学生口语交际能力的教学研究课。

引发兴趣，激发热情。“燃起学生的渴望和学习热情”是提高教学质量的先决条件，因此，要注意口头表达训练兴趣的培养。让学生自己喜欢说、喜欢表达自己内心的想法。学生只有在心情愉悦的时候，他的话匣子才能打开，为此，应运用生动活泼、形式多样的训练办法，来开启学生之口，如开展“讲党故事”活动，让学生讲自己知道的关于老红军的故事、电视中看到的镜头等，学生便非常喜欢说了，也喜欢听了。

（2）把微课同口语交际有效结合。

每个单元的口语交际进行集体备课，上课教师结合本班实际再次备课，把向学生展示的内容录制成微课，让学生提前观看，了解口语交际的具体要求。学生通过观看微课，提前储备相关知识，有准备地上口语课，提高课堂教学效率，营造学生想说的课堂表达氛围，改变过去单一人教学模式。

（3）开展课例教学，把微课同口语课结合较好的课堂作为示范课展示，组织语文学科的教师学习，提供现学现用的教学模式，并在学校推广，逐渐扩大影响面。

（4）每月及时收集课题组成员的教学案例和反思，每期末及时撰写课题小结和专题论文，使课题扎实深入地进行。

（5）每学期总结提高，明确下阶段研究方向。

3. 总结阶段（2020.05—2020.11）。

（1）选编课题研究论文集。

（2）撰写研究报告。

五、课题研究的主要工作

（一）开展小学语文专业知识研讨活动

1. 活动回顾。

2019 年 4 月 11—12 日，在松桃苗族自治县盘信镇民族完小举行小学语文专业知识研讨，第二批学员上汇报课，工作室成员上示范课，工作室主持人滕宇上示范课并作教师专业发展引领。唐萍老师上汇报课：人教版三年级上册第七单元的口语交际《身边的小事》；田晓艳上汇报课：综合性学习六年级语文《与诗同行之自己动手写诗》；龙正舟上汇报课：人教版四年级语文上册学习园地八习作《我们的奇思妙想》，石晓英上示范课：四年级上册 23 课《卡罗纳》；课题研究负责人、省级乡村名师工作室主持人滕宇上示范课：口语交际《猜猜我有多爱你》；特邀有课题研究的玉屏县平溪中心完小的姚茂林老师上交流课：三年级语文《赵州桥》。通过本次活动，大家在研讨中认为：在农村学校，西南开展口语交际研究具有很好的现实意义。

2. 立足课堂。

万事开头难，打铁还得自身硬。付出不一定有收获，但是，不付出一定不会有收获。通过一个又一个教研活动和专题辅导，通过请进来、走出去，开展跨区域交流，团队的视野开阔了，团队的凝聚力和向心力增强。原来工作室不是高深莫测的，把愿意追求进步的人聚集在一起，始终践行不变的教育初心，为了教育事业奉献终身，奋斗终身。播撒下真善美的种子，引导学生扣好人生的第一粒扣子，追求自身进步，才能更好地服务学生。工作室就是要搭建一个平台，点亮一盏航灯，让浮躁的人们静下心来教书，潜下心来育人，激发内生动力，构建教师终身学习和与时俱进的体系。

曾经何时，我们在迎检资料里不能自拔，越来越多的人脱离课堂做资料。教育离开了课堂，就像鱼儿离开了水。于是，我们工作室一开始就立足课堂。剔除华丽的外表，我们收获到真实的干货。一批人实现了专业素质的快速提升，有的成长为名师名校长，有的成长为骨干教师，有的成长为学科带头人，有的实现了职称提升，有的去到更高的发展平台。教育路上搭把手，就像传递爱心一样，做好事不图回报，要把好事继续做下去，只要人人都献出一点爱，世界将变成美好人间。对于教育来说，每个学校、每个教师、每个学生只要前进一小步，中国教育将前进一大步，我们就会从教育大国变成教育强国。后来，县教局启动了集团校。其实，工作室已经超前做了集团校的事。是驴是马，要拉出来遛遛。学生只有老老实实学习，老师只有认认真真教书，学校才会回归正常。设计课堂，反思课堂，我们才会有真进步。现在，有一种不良的思想在蔓延，就是太多的人认为备课无用。出现这一情况的原因，是因为备和教呈现的是“两张皮”，因为备实际上是抄，是为了应付检查，上却是另一番景象，甚至有点儿想当然。备课是为了更好地上课，要常备常新。一个人抄一辈子教案，到头来上不好一节课。一个人备一辈子课，每节课都是优质课。把口语交际的课题研究同工作室的活动有效结合，找到一个突破口。

（二）名师引领课题研究

1. 活动回顾。

2019 年 5 月 29—31 日，贵州省高中语文代泽斌名师工作室、贵州省小学语文乡村名师吴碧洲、滕宇、冉旭芹工作室总共四个工作室成员及跟岗学员在松桃苗族自治县正大镇正大中学开展联谊活动。本次活动将作为工作室考核条件之一，工作室成员、学员积极参与活动，并作好听评课记录以及观摩感悟记载，参加教学展示课例的教师必须要有教案、反思。上课教师邵娟六年级复习课《直接引语改为间接引语》，龙丽君六年级复习课《肯定句改为双重否定句》，田金香六年级《反问句与陈述句的互换》，代泽斌《与时俱进跟党走　立德树人深潜行》讲座，雷雨《班主任的自我成长》讲座，冷远玲《小学语文教师如何评课》讲座，余群珍六年级复习课《修改病句》，刘渊六年级复习课《修改病句》，田晓艳六年级复习课《习作复习》，冉霞六年级复习课《修改病句》，杨叶六年级复习课《句型变换》，课后龙正舟、杨冰、姜志苹分别对所听的课进行评课。在国家级名师、铜仁市教师发展中心主任代泽斌的引领下，我们课题组成员对做好课题研究充满了信心。

2. 活动效果。

活动中，代泽斌主任作了《与时俱进跟党走　立德树人深潜行》的讲座，听从历史深处娓娓道来，讲述了教师的来世今生，从国家层面、民族层面、世界层面诉说了教师的历史责任和历史担当，教书育人，立德树人，从党和国家的高度讲述了新时代赋予教师的新使命。雷雨作了《班主任的自我成长 》讲座，分享了作为班主任的辛酸苦辣、喜怒哀乐，在他幽默的语言中感悟如何做好班主任。冷远玲老师分享了《小学语文教师如何评课》。课后进行了研讨交流，就课堂中出现的问题进行了面对面探讨，立足课堂实际，规划课堂未来，就如何在乡村学校课堂中寻找教师的幸福感，让生命的激情在课堂上飞扬发力。

（三）课例教学研讨

1. 活动回顾。

2019 年 11 月 13—14 日，在松桃苗族自治县盘信镇民族完小，举行课题课例教学研究活动。工作室成员和学员根据课题研究内容开展课例研究和专题讲座，工作室主持人滕宇上示范课并作教师专业发展引领。上课教师欧桂女二年级上册口语交际课《有趣的动物》，滕玲口语交际课《请你帮个忙》，石凤洁口语交际课《我们与环境》，杨文茶三年级上册口语交际课《身边的小事》，滕宇三年级上册口语交际课《身边的小事》，戴春梅四年级上册口语交际课《爱护眼睛，保护视力》，龙群宇二年级数学上册《认识时间》，工作室助理、课题研究主要参加人滕建猛上《用微课制作来提升自我》。针对口语交际开展课例教学研究，积累课题研究的经验，为下一步做好课题的深入研究做好铺垫。

2. 活动效果。

为了活动的顺利举行，松桃苗族自治县盘信镇民族完小进行了周密的部署和安排，让每个参加活动的老师感受到宾至如归。活动共安排了 6 节课和 1 个讲座，贵州省 乡村名师工作室主持人、第 14 坊坊主滕宇亲自上示范课，所有上课内容围绕工作坊的主题展开，即研究基于微课下农村小学生口语交际能力培养。 此项活动是根据铜仁市名师名校长培养管理办公室关于印发《铜仁市 “贵州省乡村名师工作室各主持人 2019 年上半年工作方案”》的通知（铜名管办通〔2019〕5 号）文件要求。按照《铜仁市教育局关于 2018 年基础教育教学实验课题立项通知》，滕宇主持人申报的课题获得立项，课题为《基于微课下农村小学生口语交际能力培养策略研究》，完成时间为 2020 年 12 月，立项编号为 2018sj266。为了按期完成课题，贵州省乡村名师滕宇工作室定于 2019 年 11 月 14 日举行贵州省小学语文滕宇工作室课题课例教学暨名师工作坊线下集中研讨活动。

（四）开展口语交际示范展示

1. 一线课题教学研讨。

2020 年 6 月 22 日，在松桃苗族自治县第十五完小开展示范课、互动交流、专题讲座、课改论坛。上课教师张小琴四年级下册口语交际《朋友相处的秘诀》，杨双二年级下册《长大以后做什么》，戴春梅四年级下册《转述》，龙静敏二年级下册《长大以后做什么》，罗敏一年级下册《打电话》，滕玲一年级下册《请你帮个忙》，龙群字五年级下册《数学广角一找次品》，杨云平上四年级下册《运算定律的整理复习》，李健三年级下册《年月日的整理和复习》，石琳四年级语文下册口语交际《自我介绍》，滕宇《开展课题实验的程序及做法》。通过展示口语交际课题研究的成果，课题组把成功的口语分享出来，给大家学习和借鉴。课题组成员展示的成功课例得到了大家的高度肯定。

2. 口语交际展示。

活动中，立足课堂，问诊课堂有如下课题献课：四年级下册口语交际《朋友相处的秘诀》、二年级下册《长大以后做什么》、四年级下册《转述》、一年级下册《打电话》、一年级下册《请你帮个忙》、五年级下册《数学广角——找次品》、四年级下册《运算定律的整理复习》、三年级下册《年月日的整理和复习》、四年级下册口语交际《自我介绍》。通过课堂展示，课后点对点评课、议课，从而寻找课题的有效性。乡村名师滕宇作了《开展课题实验的程序及做法》的讲座，引领了课改课题的方向。此次活动以教学设计能力、教学中语用训练、课堂评价能力、教学策略等为主要内容，综合运用示范课、名师点评、专家讲座、研讨交流等形式，着力于校本研训的根本，为教师们的教学能力、教学素养的提升带来丰富的营养，彰显了乡村名师辐射引领作用，有助于提高乡村教师队伍的素质，促进乡村教育质量的提升。

（五）开展口语交际课题成果交流

1. 请进来。

贵州省申璐名师工作室于 6 月 29 日在松桃县举办跨区域教学研训活动，重点对乡村名师滕宇、谭清华、戴英三个工作室实行定点帮扶和指导，以现场送教、课题指导、课堂诊断、专业提升等方式进行引领。活动由申璐名校长、名师乡村工作站大路镇完小承办，南明区花果园第二小学骨干教师，松桃县盘信镇民族完小骨干教师，大路镇骨干教师，十五完小骨干教师，申璐名师、名校长工作室成员、学员，滕宇、谭清华、戴英乡村名师工作室成员、学员等100余人参加，受益学生达600人。此次活动以乡村名师工作室定点帮扶、课题规划、专家引领、课堂教学、课堂评价、口语交际、绘本教学等为主要内容，通过骨干教师上示范课、现场评课议课、课堂观察点、专家讲座等形式，助力乡村教育脱贫攻坚，实现智力帮扶。通过名师、名校长引领，着力打造一支高素质的乡村教师队伍，助力乡村名师整体提升，实现乡村教师快速成长，必将推动乡村教育的整体提升。袁仕忠代表课题组汇报口语交际课《长大以后做什么》，得到省级名校长、名师申璐的现场指导，她充分肯定了课题研究效果。

2. 定点帮扶。

本次活动围绕乡村名师的引领提升展开，立足乡村教育教学实际，以课堂为主阵地，以教学活动为主线，以学生为本。贵阳花果园二小骨干教师刘发美和仇萍分别执教《复习26个汉语拼音字母》《爷爷一定有办法》，通过汉语拼音复习引导，用游戏方式串联课堂，培养学生动手动脑能力，对绘本教学进行示范引领，培养学生的阅读兴趣，提供省级学校的教学模式，供乡村教师参观和借鉴；滕宇工作室骨干教师袁仕忠执教《长大以后做什么》，以微课的形式实践口语交际课，提升学生口语交际能力；谭清华工作室骨干教师张桃执教《夜色》，展示识字课教学过程，注重学生基础知识教学的培养。课后进行了面对面的评课议课活动，从教学设计、说课、反思、提升等环节展开，寻找教学的突破口，打造可现学现用的真实课堂。特聘专家余文武教授作了《省市教育科学规划课题申报与指导》的专题讲座，对乡村学校申报、实施课题开展了手把手的指导，给一线教师带来最接地气的课题实践指导。申璐名校长作了《对乡村工作站建设与管理把脉问诊》的专题讲座，围绕乡村学校建设提出策略和见解，并表示将尽最大努力助力乡村学校发展。

此次活动以乡村名师工作室定点帮扶、课题规划、专家引领、课堂教学、课堂评价、口语交际、绘本教学等为主要内容，通过骨干教师上示范课、现场评课议课、课堂观察点、专家讲座为主要形式，助力乡村教育脱贫攻坚，实现智力帮扶。通过名师、名校长引领，着力打造一支高素质的乡村教师队伍，特别是通过乡村名师的整体提升，实现乡村教师的加速成长，必将推动乡村教育的整体提升。

3. 教师感悟。

《快乐读书吧：在那奇妙的王国里》的教学目标，主要是为了让孩子们对于童话故事产生阅读兴趣，通过“配音”表演的新形式，可以让孩子们有效地参与到童话王国中去。而40分钟的教学时间很珍贵，如果放在课堂进行专门的配音教学，会占用孩子们自我展现的时间。因此，通过“配音微课”的简短几分钟教学，教会了孩子们如何去给童话故事配音。让他们在看完微课之后，课后也开始喜欢阅读童话故事，以配音、讲故事、表演的各类形式，将故事转述给他人。切实提升了孩子们的口语交际能力，善于表达，乐于表达，勇于表达。配音视频充满了趣味性，得到了孩子们的喜欢。《口语交际：长大以后做什么》主要是为了让孩子们开拓思维，去交流理想。在实际教学中，孩子们通过“采访微课”的学习，了解到与人交流的技巧与礼貌，并且认识到说一件事，还需要说明原因，表达清楚。在之后的日常生活中，慢慢有意识去说一段完整的话。也让孩子们在教学课堂中，享受到由“被动者”到“主动者”的转变，变得越来越自信。在与人交流时越来越从容，大胆地表达看法。

（六）展示“微课”与口语交际相结合的教学成果

1. 走出去。

2017 年 12 月 20—22 日，在思南孙家坝小学开展课改推进联谊活动。滕宇作专题讲座《如何制作微课》，杨彩霞微课展示《葡萄沟》，秦霞专题讲座《我们的团队在成长》。

2020 年 10 月 22—23 日，在玉屏侗族自治县平溪中心完小举行课例研讨。周海，专题讲座《信息时代教师教学的思考》；滕玲，语文学科课例展示口语交际《身边的“小事”》；文竹，数学学科课例展示《倍的认识》；张红香，语文课例展示口语交际《身边的“小事”》；丁蓉，数学学科课例展示《倍的认识》；李云，教学课例展示口语交际《身边的“小事”》；杨晓燕，数学学科课例展示《倍的认识》；杨玲，教学课例展示口语交际《身边的“小事”》；吴慧，数学学科课例展示《倍的认识》；姚红艳，教学课例展示口语交际《身边的“小事”》。滕玲代表课题组展示课题研究成果《身边的小事》，得到与会专家的肯定。

2. 同课异构。

本次活动语文学科执教的是三年级上册第七单元口语交际《身边的“小事”》，数学执教的是三年级上册《倍的认识》。全天语文、数学共展示了 9 节课例，在这些课例中，无不展示了老师扎实的基本功与丰富的教学经验。因为同课异构更能展示老师的上课理念和专业技能水平，更能在活动中发现问题，产生更深层次的思想交流。9 位老师有的重在师生的互动，有的重在方法的指导。有的重在情景创设。从几位老师执教效果来看，她们对教材的研读细致到位，都很好地把握了课型特点和课程标准的要求，都展示出了不同的教学理念和思路，教学风格鲜明。课例展示结束后，各位名师和学员们还分别进行了语文、数学课例说课评课活动。在总结发言中，几位名师一致表示，要以这次培训为契机，不断学习，加强交流，取长补短，打造团队，创建出富有特色的名师工作室。

3. 微课运用。

口语交际的核心是交际，而小组交流是全班交流的基础和前提，因此，我设计了小组合作讨论。三年级的孩子有小组合作的概念，但对怎样规范的合作缺乏一定的理解，为了让学生更好地进行交流，我设计了一个小组合作交流微课，学生看完微课后，我马上出示小组交流要求，再利用希沃里的计时功能设置五分钟的交流时间。交流结束后，小组长上台汇总小组其他人说的小事，下面的同学当小评委评一评。小组长汇总完后，进入自愿分享环节。这一设计既突破了教学难点，又增强了学生的交流互动。

（七）开展“微课”研究

1. 微课较为符合学生的常态。

微课在教学中能够节约老师的课堂时间，为课堂中其他环节留出更多的时间。众所周知，在教学中，学生的注意力主要在上课之前的十分钟，以及下课之前的十分钟。难以持续四十分钟的精神高度集中。但微课由于其特点为时间短、内容精简，视频的长度一般在 3~8 分钟，就能够很好地解决这一问题。在有限的时间里，提取出最有效的教学技巧，让学生们通过几分钟的学习，掌握教学方法。对教师后续的课堂效率有很大的提升。比如：在讲解三年级语文上册《口语交际：名字里的故事》时，可以让学生提前观看微课，在微课中给学生布置好任务单，给学生们做一个准备活动的示范，这样在教学中就能够使学生更加规范地说一段完整的故事，综合提升学生的语言能力。让学生们在课堂中熟练运用课前所总结的部分，语言更加精炼，发言更加自信、从容。

2. 微课为专一知识点的讲解。

由于微课的专一性，这就使得课堂目标比较明确，能够让学生更加直观地理解教学活动，为接下来的口语活动打下殷实的基础。当学生无法通过传统的文字了解其运作过程时，我们就可以通过几分钟简短的微课，让学生通过视频的直观性，迅速地了解活动的具体流程。让他们更快地进入角色，使得课堂流畅度提高。例如：在语文三年级上册《口语交际：请教》一课中，当学生们不理解如何去请教他人时，我们就可以通过微课，让学生更加直观地感受到请教他人的魅力所在。

3. 微课具有利于传播的特点。

在传统教学中，教师的教学往往停留在课堂、学校中，无法进行传播，微课弥补了这一缺陷。微课可以通过 QQ、计算机等现代化工具进行迅速而有效的传播。教师们可以在课后，通过现代化工具的传播，让学生们在任何场所、任何时间都可以完成知识点的巩固与学习，打破了传统教学的局限性，使得课堂不光光在三尺讲台，而是走向学生的日常生活中。让学生们充分利用短暂、有效的碎片时间，获取最关键的学习信息，提高课堂的延展性，提升学生的综合效率。

4. 微课在口语交际活动中的强大生命力。

在教师们的传统课堂中，口语交际的教学模式比较一致且单一，教学流程也一成不变，久而久之，学生开始丧失积极性。更多呈现的是老师们在讲堂上的硬性灌输，孩子们缺少参与性、参与感。或者出现极个别学生参与兴趣较为浓厚，但其他少部分学生无事可做的状态。学生无法切身参与课堂，导致他们对课堂的兴趣开始下降，这就使得整堂课的受面学生较窄，无法达到预期的教学目标。但微课这一概念的提出，大大改善了传统课堂。在上口语交际课程时，很多教师经常提到：教学时间太短，学生准备不够充分等因素。但现如今可以通过微课这一媒介，让学生们提前知晓任务单，派发简单明了的任务。让学生们在课前就能够做好充足的准备，这样，在展示环节，教师就能够挖掘出更多的东西，提高学生们的参与感。比如：在《口语交际：身边的小事》一课中，教师就可以通过“微课任务单”的形式，将收集身边小事的任务提前通过微课的形式派发给学生，让学生们通过简短几分钟的学习，迅速明白任务，在课后完成收集任务。这就使得教师在正式上课时，学生们有话可讲，有图可说。学生们参与进来之后，就能够在激烈的讨论、表达中完成教育目标。不仅减少了教师们的辅导，也提高了学生们的积极性，使得课堂效率有效提高。

(八) 微课对农村小学口语交际的推动研究

1. 提高了解度，鼓励应用微课。

在小学的口语教学中，不光光是微课这一新兴技术使用不够成熟，部分教师对于新形势下的现代化教学也不够成熟。对于这类普遍情况，需要学校层面加大力度。具体有以下一些方法提供给大家。首先，学校需要加大对微课的宣传力度，让对于微课较了解的教师利用微课上好示范课。让其他教师感受到微课的便捷性、针对性，在教学过程中产生的实际效果。只有其他教师切实感受到，才会积极使用微课。其次，老师们需要认真学习关于微课的制作技巧并且能够举一反三，利用微课的特性，辅助好口语交际课。最后，鼓励教师们使用微课。让教师们直观感受到微课对于课堂效率的提高、学生积极性的提升等作用，让教师们自发地去改变传统的教学方式，在课程适合的条件下，恰当运用微课，在提高教学水平的同时，也间接地提升微课使用频率。

2. 提高教师的信息综合能力。

在常态教学中，语文教师们能否熟练运用微课这一技术，关键在于其对信息技术的综合素养，所以，在日常教学中，一定要注重教师们信息技术综合能力的培养。关于这个方面，学校层面能做的可以有以下几点：第一，综合运用学校的信息技术资源，给老师们提供一系列信息技术的援助，让他们能够熟练掌握基本的信息技术，为更深层次的信息化教学打下基础；第二，倡导教师们互相学习，通过年级研究、学校研究探讨等层面，让老师充分加入信息技术的实操中来，切实提高信息技术综合能力；第三，可适当将信息技术层面的应用，纳入常态化量化考核中，让老师们充分发挥主观能动性去研究、请教。往往比学校层面的步步紧逼来得真实且有效。

3. 改善农村小学中信息技术大环境。

由于目前形势原因，导致大部分农村小学存在信息技术整体配置较低、功用性不强等大环境问题。需要学校层面进行有效的改变和统筹。简单来说，就需要加大对信息硬件的提升，使老师们在使用信息技术硬件时，能够获得良好的体验，真正实现小学语文信息技术教育环境的优化，充分改善农村小学中信息技术大环境。

（九）贴近生活的微课，综合提高学生口语能力

口语交际一直都是语文教学中不可或缺的部分，很多农村教师并不注重这一环节，导致学生们不会说、不敢说、不愿说。长此以往，恶性循环，导致学生的综合素养与城镇孩子存在差距。口语交际能力是一种生活交往的能力，学生学习口语交际为的就是更好地生活，而生活又为学生的口语交际训练创造了无尽的资源。现如今出现了新兴辅助工具“微课”后，就需要农村教师们积极运用，充分利用微课的优势来填补传统课堂的空缺。利用微课的传播性，让学生们在家里就能够完成口语交际课前任务单，或者在课堂中的环节示范，以及课后的展示分享。比如：在三年级语文上册《口语交际：我的暑假生活》一课中，就可以通过微课，让学生们提前收集好自己的暑假经历，做好准备。这样，当正式上课时，学生就能够更加得心应手，根据自己的生活体验看待问题，将自己的经历完整、有效地分享给大家。真正意义上提高学生的语文综合素养，让学生能更加自信、积极地参与到课堂中来。

（十）课题负责人滕宇对口语交际的实践

口语交际是一种教学策略和方式，是听话、说话能力的在实际交往中的应用，是一项新鲜而古老的训练内容，是知识与能力的综合运用和体现。语文课程标准对小学口语交际的教学提出了明确目标：“具有日常口语交际的基本能力，在各种交际活动中，学会倾听、表达与交流。初步学会文明的进行人际社会交往，发展合作精神。”实践证明，加强学生口头交际训练，切实提高学生口语表达能力，是十分重要的。

第一，口语交际的训练促进书面语言的发展。

“我口说我心，我手写我口”。作文就是写话，作文的过程，就是把口头语言加工、整理成书面语言的过程。“出口成章”才能“下笔成文”。

第二，口语交际的训练，可以促进思维的发展。

马克思主义语言学认为，语言是思想的直接体现。没有不表达任何思想的语言，也没有任何一种思想不通过语言来表达。语言是思维的物质形式，思维是语言所包含的具体内容。口语交际是用口头语言传达、交流思想感情的，他的速度较之书面语言要快得多，不允许有较长时间的停顿和间歇。这样，无论是审题、组材、谋篇、布局，还是语言的组织，内容表达等等，都要求在短时间内完成。因而，思维的速度也就要加快，只有这样，才能适应口语交际的需要。自然，口语交际对思维的准确性、条理性、连贯性、敏捷性大有裨益。

第三，口语交际的长期训练，无疑能提高学生的口头表达能力。

学生参加工作以后，要交流思想和经验，要切磋、研究、汇报、总结工作等等，这些都需要“出口成章”，需要有一个“好口才”。

口语交际课究竟该如何上？

首先，人人能开口，个个上台讲。口语交际的第一个难题，就是孩子们不敢说话，记得我在二年级上口语交际课，第一次就碰了钉子，我提了两个并不难的问题，举手者竟寥寥无几，至于说要用口头表达，更成了大问题，有的伸舌头，有的摇脑袋、有的抓耳挠腮，有的嗤嗤傻笑。后来，我也无招了，干脆把他们带出教室，在校园里“寻找春天的踪迹”。孩子们用视觉去辨别梨树、桂花树、万年青的颜色，用嗅觉去品味映山红、三角梅花的清香，用听觉去感知小鸟鸣叫，用手去抚摸阳光下的小草，用脚踩一踩蓬松柔软的大地……这样，孩子们回到教室，便七嘴八舌说个不停，为了维持秩序，我只好让他们一个个走上讲台来说，有的还情不自禁地加上了表演的动作。是上课，又像是表演节目，人人兴趣盎然。经过一两个月的严格训练，百分之九十的同学敢登台表演口语交际。

其次，人人有话说，逐步说成文。口语交际课的第二个难题，是孩子们无话可说，针对这种情况，我们采取了由易到难、由近及远，又说到联想，由说几句话、一段话到说几段话，进行按顺序说的方法，口语交际的内容和题目很广泛，有《我们的画》《身边的小雷锋》《我们的教室》《可爱的校园》《我们的趣味运动会》《我所看到的六一儿童节》《介绍一本书、一部电影或一个电视剧》《介绍我的好朋友或者我的亲人》等等，三年级二班的龙森同学在介绍他的姥姥时说："我姥姥是个小学老师，七十二岁了，现在退休在家，穿着普通的衣服，每天笑呵呵的，他对我的学习很关心，我写作业时，她总是说：'写作业要细心，写完要检查。'还经常给我讲英雄故事，有刘胡兰、董存瑞，还有刘少奇、周恩来、朱德、贺龙等，她常对我说：'你从小要好好学习，长大做个对国家有用的人。'她很勤劳，每天做饭、扫地、拖地、洗衣服，做什么事都很利索。我可亲我姥姥了，因为我的姥姥比谁家姥姥都好……"看，有事实，有感情，说得多好呀！

最后，人人能裁判，个个干讲评。让学生互相对说，当堂进行讲评，人人当裁判，对培养学生认真听的能力、分析能力、欣赏能力以及口头评论能力，是大有好处的。具体可以从以下几个方面评讲：语言是否规范，句子是否完善；思路是否清晰，内容是否切题，条理是否清楚；结构、顺序及详略是否合理得当；事实是否讲得合情合理，合乎逻辑；说话时，语言是否流利，表情是否自然，是否注意了抑扬顿挫。

总之，提高学生的口语交际能力，是一项长期的教学实践活动。从社会需求看，口头语言是最基本、最便捷的交际工具，而且较强的口语交际能力也是我们每个人适应现代社会的最基本的能力需求。新课程标准同样指出：说话是人们交际的重要方式，是认识世界，认识自我，进行创造性表达的过程，是语文素养的综合表现。因此，对现代小学生进行口语交际能力的培养和训练是必需的，更是应该重视的。

六、研究发现或结论

在研究的过程中，我们深深地体会到。

（一）录制微视频，为学生提供先行组织者

先行组织者是一种先于课堂教学的引导性材料，主要是在学生“已知”与“未知”两种知识之间架起认知的桥梁，以便为学习新的内容提供观念上的附着点，从而起到引导和组织的作用。教师通过录制微视频的方式，为学生提供学习重点和难点内容，让学生在这一内容指导下，观看微视频，自主探究、搜集材料，以理解、认知、表达课程要点。这一录制微视频的方式也就是为学生提供先行组织者的过程，充分体现学生的主体地位和教师的指导作用。也就是说，教师在录制微视频的过程中，要紧扣口语交际教学目标要求，关照学生的日常生活经验，符合小学生言语、交际规范，尽可能使微课教学贴近学生生活实际，微课教学呈现方式要生动且富有趣味，凸显教学的重难点和核心知识，循序渐进地推进教学，充分尊重学生身心发展规律。

（二）实施微教学，充分发挥学生的主体性

教是为了不教。传统的语文口语交际教学主要以教师讲授、学生被动接受的方式为主，偶尔会有一些学生进行情景表演和自主表达的环节，但往往教师占据课堂的时间居多。

当微课运用于口语交际教学，限于“微”的时间限制，教师讲学生听的时间会大大减少。微教学要求教师要提前为学生提供教学的重难点、易错点、疑点和混淆点，其他时间要多留给学生自主思考、钻研，充分凸显学生的主体地位。除了玩，还要为学生制造具体情境，提供必要的导学教案，让学生在任务导向下学习相关微课内容，并带着清晰的目标意识主动探究和思考。

（三）开展微评价，及时改进与提升教学质量

评价检验学生口语交际能力的重要参照。斯滕伯格有言：“评价的目的不是为了证明，而是为了改进与发展。”通过微课与微任务的方式，使学生在没有教师指导的情况下进行自学自练，相关平台能够及时向教师反馈学生的实时学习状况和效果，教师则通过学生数据进行评价分析，不断调整和引导学生发现问题、解决问题，从而提升语文口语交际教学的质量。也就是说，教师对学生要积极采用微评价的方式，时刻关注学生口语交际的行为表现和表达倾向，并及时给学生的表现作出评价。除此之外，微评价要基于学生的差异性，以多视角、多元化的方式评价学生。在微课中，可以创设一些优秀的口语交际实例视频引导学生，但切不可以用完美的标准评价概括案例，要让学生在观看、交流后自我发现和评价。

七、研究结论和存在的不足

我们的研究虽然取得了一定的成绩，但也有很多问题需要我们进一步研究、探讨。

（一）提炼出如下研究结论

1. 激发学生学习交流的动机，在“微课”的帮助下，创设轻松愉快的环境，鼓励学生开口表达。

2. 充分利用语文语言材料，进行口语交际，把口语交际中重点、有意义的环节录制成微课，引导学生充分发挥想象。

3. 根据微课内容，学习复述、模仿、表演，提升口语表达能力。

4. 在口语交际课堂中，注重评价激励。

5. 在口语交际中，有意识地培养学生多阅读。

（二）存在着以下不足

1. 由于时间和精力有限，教师不能关注到每一个学生的口语表达能力。

2. 实验范围窄：课题研究的对象仅限于教师和学生，中低年级受益多，高年级的课题开展得较少，家长层面的研究涉及少，未能家校联合。

3. 理论成果相对较少：实验中，我们主要以课堂为主阵地，进行了大量的课堂实践，由于初次开展课题实验，没有较多的经验，所有参与人员都没有经历过课题研究。

4. 研究经验不足，走了很多弯路。有很多实践没有上升成理论知识。

5. 研究过程中，我们注重培养学生口语表达能力，通过录制小视频，增强学生的表达能力，由于耗费的精力太多，没有得到普遍推广。

八、研究成果

本课题组成员积极参与教学科研工作，主动学习教育教学理论，边实践边研究，经过思考、学习和总结，我们的教育思想转变了，教学理论水平和教学本事都有了长足的发展和提高，自身素质获得了较大提升。工作室成员涂逢松《小学语文教学中如何提高学生口语交际能力》、刘渊老师《基于微课下农村小学语文口语交际能力培养策略》《农村小学语文口语交际教学有效性探究》在省级刊物上发表。此外，涂逢松、刘渊两位教师由于表现突出被评为县级优秀教师，2020年滕宇被评为省级教学名师，学生作文集出版。

经过课题研究，我们得出口语是口头交际使用的语言，所有的民族都有口语。口语通常是通过声音传播的。根据需要，文学作品中也常以文字记叙口语。口语交际是指听话、说话能力在实际交往中的应用，需要充分应用口、耳、眼、手等多种感官并用在语言实践中提高口语交际能力。也包括交际过程中分析、综合、判断、推理、概括、归纳等思维能力，分析问题和解决问题的能力，实际操作能力、创造能力等。通过把“微课”和口语交际有机结合，提高了农村学生的口语表达能力，学会与人文明、大方交往，学会倾听，乐于表达。

利用微课提升农村小学生的口语交际能力，学会礼貌用语，乐于表达，善于沟通，学会倾听。在每次上口语交际之前，先在小组内交流，借助现代信息技术，录制小视频，选择优秀的小组视频作为口语交际的范例，用学生的例子来引导学生表达，积极思考，营造出想说、敢说、乐说的口语交际氛围，提升口语交际的课堂效率，从说到写，最终提升小学生的表达能力和书写能力，为进一步学习奠定坚实的基础。提高学生的口语交际能力，对学生今后的成长、学习、工作都将起到很好的作用。

总之，要在教学中提高学生的口语交际能力是一个循序渐进的过程，口语交际的训练要体现年龄段特点，教师要在课堂中教给学生学的方法，关注学生理解，关注学生表达，带领学生在语文课堂走一个来回。在教学中不断探索口语交际的方法，提高学生的口语交际能力。

1. 创编了《小学生作文集》和春萌文学公众号，把学生口语交际能力提升为书写能力，供全县小学语文教师学习，得到老师们的充分肯定，有力地指导了全县小学语文教师把口语交际同习作教学有效结合。

2. 实验教师论文获奖情况：刘渊《基于微课下农村小学口语交际能力培养策略》于 2019 年 10 月在省级刊物上发表，刘渊《农村小学语文口语交际教学有效性探究》于 2020 年 6 月在省级刊物上发表，涂逢松《小学语文教学中如何提高学生口语交际能力》于 2020 年 5 月在省级刊物上发表，涂逢松《小学语文教学中情境教学法的体现》于 2020 年 10 月在省级刊物上发表，滕建猛《加强劳动教育 实现学生全面发展》于 2020 年 2 月在《铜仁教育》上发表，滕建猛《在新时代做幸福追梦的教育人》于 2019 年 11 月在《贵州教育》发表，滕建猛《教育应该坚持不懈》于 2019 年 3 月在《铜仁教育发表》，袁仕忠《微课对小学口语交际的作用及应用研究》于 2019 年 12 月获得县级一等奖。

3. 实验教师作业设计获奖情况：滕宇《猜猜我有多爱你》于 2019 年 4 月获得市级交流课，滕宇《身边的小事》于 2019 年 11 月获得市级交流课，袁仕忠优质课同科异构镇级一等奖，石凤洁《我们与环境》获市级交流课，滕玲《请你帮个忙》获得市级交流课和镇级优质课一等奖。

4. 教学光碟 4 个，滕宇《猜猜我有多爱你》《身边的小事》，袁仕忠《长大以后做什么》，滕玲《请你帮个忙》。

5. 促进了学生语文素养的提高。通过课题组教师在语文口语交际中开展课题展示，学生在录制口语交际的过程中，学会礼貌用语，表达更加清晰和有条理。利用微课提升农村小学生的口语交际能力，学会礼貌用语，乐于表达，善于沟通，学会倾听。在每次上口语交际之前，先在小组内交流，借助现代信息技术，录制小视频，选择优秀的小组视频，作为口语交际的范例，用学生的例子来引导学生表达，积极思考，营造出想说、敢说、乐说的口语交际氛围，提升口语交际的课堂效率，从说到写，最终提升小学生的表达能力和书写能力，为进一步学习奠定坚实的基础。

6. 促进了教师的专业成长。教师的观念得到更新，教育技术能力得到提升。当前小学语文口语交际的教学方法以单一僵化的讲授模式为主：教师把口语交际的相关知识传授给学生，学生被动地接受，然后通过纸笔测验的方式进行练习和评价学生的掌握情况。致使当前的语文口语教学流于形式，严重脱离学生生活，忽视学生的自主表达、倾听理解、应变合作等能力。口语交际本身就是在和谐的人际关系中互动交流表达的过程，如果教师一味囿于课堂教学时空的局限性，将口语交际相关知识的传授作为口语交际教学的主要内容，只会使小学语文口语交际教学严重脱离学生生活，知识有余而实践不足，未能使学生真正具备倾听、表达、合作与交流，初步学会文明地进行人际沟通和社会交往的能力。传统的口语交际课教学方式单一，枯燥乏味。微课的注入能使口语交际课教学方式生动形象。如在上《请你帮个忙》口语交际课时，首先，教师可以提前创造“帮忙情境”，要求每位学生在放学回家后向家人借一样东西，并把向家长借东西的整个过程用手机录制并上传至微信群。其次，教师将收到的视频进行整理，挑选具有针对性的视频，并把它们做成微课，然后在第二天在课堂上呈现给学生。在教学过程中，让学生通过观看教师整理的视频，并分组讨论，相互评价，自由表达，悟出“请人帮忙”需要含涉的礼仪、细节和表达方式。最后，教师对学生的表现以及课程的学习进行总结评价。这一充满情境性、体验性、学生主体性的教学方式，能够积极发挥学生主体性，而且教学目标也在微课的有力帮助下高效完成，可见微课所创设的教学情境，能更好地激发学生表达的欲望，增强学生的表达、交流兴趣。

7. 师生关系更加融洽，学生乐于把想说的话分享给老师，老师能从学生的表达找到课堂教学的策略，提升课堂教学效率。

8. 我们还建立了一套完善的教学评价体系。该体系不仅关注学生的学业成绩，还重视学生的综合素质和能力发展。

9. 我们的课题研究成果在全县范围内得到推广和应用。周边学校借鉴了我们的研究经验和成果。

总之，通过本次课题研究，提高了我们整个团队的教育教学水平和研究能力，并大力推广我们的研究成果，让更多的学校受益。

小学语文口语交际的教学策略

一、定位好口语交际的作用

1. 口语交际是“口语”的交际，而非“书面语”的交际。

有老师认为，口头说出来的就是口语，在口语交际课上，只要学生在进行口头表达，只要学生在听、在说，他们的口语交际能力就在发展，其结果是把口语交际课上成了口头作文课。

事实上，口头作文充其量是书面语的口头表达，与语文教学所要求的口语交际完全不能等同。从形式上看，口头作文是单向的，是直接为习作服务的，是作为习作指导的环节出现的，是不需要考虑交际效果的；口语交际则是多向的，是为了交际的目的服务的。从成果上看，口头作文是书面语的，口语交际则是口语的，二者在词汇的选择、句式的运用等方面，都有着显著的区别。

人教版中高年级教材有时将口语交际与习作整合编排，要求学生进行同题的口语交际和习作活动。编写的意图是整合听说读写，使之互为背景，相互促进，相得益彰。如，阅读教学可以给口语交际提供某些词汇的积累、表达的样式和思考的空间；口语交际的成果可以为学生提供习作的素材、习作的思路。在教学时，如果能够充分发挥书面语和口语互相促进的一面，可以大大提高教学效率。但是具体到教学实施，虽然话题是一致的，口语交际教学和习作教学却应该有相对的独立性，应该有各自不同的特点。不能把口语交际和口头作文混为一谈，更不应把口语交际等同于习作指导。

以六年级下册第一单元《难忘的第一次》为例，口语交际课上，学生可能会讲述这样的内容："大家好！我今天想跟大家交流的是我第一次做饭。那是我小学三年级的时候……这种事情给我留下的印象很深，直到今天想起来了还忍不住想笑。你们觉得我做的这件事好笑吗？"

我们再来看另一个版本的讲述："我的童年时代有许许多多的第一次，但是许多第一次已经随风飘走不留痕迹了，唯有第一次做饭的经历，永远留在我的心底，并将伴随我的一生…… 那一次经历，至今还埋藏在我的记忆深处，并在不经意的时候浮现于我的脑海。"

从以上记录下来的两段文字看，虽然表达的是同一个内容，但是展现的风格却截然不同。第二段文字呈现出典型的书面语色彩，显然不是口语交际课所提倡的方向。口语交际课旨在提高学生的口头表达能力，应该强调口语交际的特殊性，明晰口语和书面语的界限。如果学生的口头表达由于教师的不当引导或是学生的错误理解，变成了表演式的、背诵式的、书面语的、口头作文式的表达，就偏离了口语交际的方向，无助于学生口语交际能力的发展。

2. 口语交际的核心在于"交际"。

交际是每一个社会人生存的基本需要。交际的意义在于达成理解，进行沟通。通过口语交际，达成对世界的认识和理解；通过口语交际，沟通信息、沟通思想、沟通情感。口语交际是我们探索世界、理解世界的最重要的方式，也是我们最基本的生存方式。所以，基本的交际能力，不但是培养社会人才的需要，更是个人追求幸福生活的需要。

口语交际的核心是交际。与过去的听说活动相比，这是根本的、价值取向上的转变。其区别在于，口语交际是在真实的交际状态下发展听和说的能力，所有的口语交际，都直接指向交际的目的、交际的功能，即使是独白式的表达，也不是自说自话，而是为了谋求某种理解和沟通，是为了达到与人交往的需要。

独白式口语交际并不排斥交际，它有很强的交际性。有人认为独白式口语交际偏重独白言语练习，是单向的语言传递，交际性不够，这实际上是对这种口语交际类型的误解。事实上，真正的独白式口语交际，并非简单意义上的大段讲述，它的本质是互动的，不但不排斥交际，反而可以有丰富的交际性。

以“介绍”为例，“介绍自己”这个话题，我们完全可以创设真实情境引导学生进行交际。

第一步：采用头脑风暴法，学生发散思维，想想在什么情况下有可能产生“介绍自己”的需求。教师要引导学生尽可能多地考虑各种不同的情况。

由此可以看到，“介绍自己”这样一个话题，因场合不同、对象不同，具体的交际形态也有所不同：既有正式场合的交际，也有非正式场合的交际；既有一对一的交际，也有一对多的交际。

第二步：结合每一种具体的情境，思考，在每一特定的场景下，应该重点介绍哪些内容？应该怎样介绍？

第三步：选择不同的情境，尝试着练习口语交际。

以上关于“介绍自己”的口语交际活动，是旨在引导学生思考面对不同场合、面对不同对象的口语交际。在这样的引导下，围绕“介绍自己”发展的口语交际，不再会把自我介绍当作口头作文，当作放之四海皆准的模板，面面俱到地介绍自己的相貌、性格、爱好，而全然不顾面对的就是与自己朝夕相处、相熟相知的同伴。

在介绍、讲述这些看似单向传递的口语交际活动中，除了引导学生掌握身处不同场合、面对不同对象的交际技巧，还可以通过目光的交流、语速的调整、语调的变化、讲述中的打断和质疑以及讲述之后的提问交流等多种形式进行互动。在这个过程中，讲述人和听众达成信息的沟通和情感的交流。

所以，口语交际能力所包含的，绝不仅仅是听说能力的简单相加，而是包含着丰富的交际技巧、交际方法、交际策略、交际心理等因素。听说能力是交际的基础，听不明白、说不清楚，交际无从谈起；但是只会听说，也不一定能达到交际效果。要想成功交际，还要考虑交际对象、语言环境，如身份、场合、时机。后者不可或缺。如有的人表达能力很强，认识事物也很深刻，但在表达观点时表现出争强好胜的性格，不考虑别人的感受，伤害了别人的情感，别人无法接受他的观点，他也不能很好地完成交际任务。

抓住口语交际中的交际这个核心，有助于我们进一步思考口语交际教学的目标定位。

二、准确把握口语交际教学的目标

口语交际教学效果低下的一个重要原因就是目标定位不清晰、不准确。在实践中，只重视话题内容，不重视交际目标的情况大量存在。其结果是在课堂上增加了一次次口语活动的机会，却没能使学生在口语交际能力方面有实质性的发展。这也是导致一部分人认为口语交际教学不重要、口语交际课可有可无的原因之一。

有一个较为典型的例子，有的教材中有“买文具”的交际话题，因为教学中交际目标偏颇，交际要求不明确，这个话题很多时候被演绎成怎样与小商贩讨价还价，并且以最低价买到文具为评价标准。在很多公开发表的教学设计中，都呈现出市侩气、庸俗化的不良倾向。

我们需要明确的是：在一个口语交际话题结束的时候，我们的着力点不应主要在于学生是否学会了做某件事，不应主要在于学生在交际内容方面有怎样的收获，而更为重要、更为核心的是：学生在口语交际能力方面有哪些发展，学生锻炼了哪些交际技巧和交际策略。口语交际课与其他课型中的口语活动截然不同，其特殊性就在于其对口语交际策略、口语交际技巧的提升和点拨。口语交际课的目标，不应主要定在交际内容方面，更为重要的是要确定和达到语言发展的目标和交际的目标。

三、为学生提供真实的交际空间

口语交际的交际特性，要求我们的口语交际课围绕“交际构建，以真实的交际活动为依托，发展学生的交际能力。

1. 创设适合的交际情境。

首先，我们创设的交际情境，不能完全等同于生活，不应该是对日常生活的简单复制。如果只是简单重复生活，不但达不到提高学生口语交际能力的目的，反而是对语文课程资源的巨大浪费。

以教材中的生活类话题《打电话》为例，其课堂操作模式，其课堂活动的主体部分，不应该是模拟打电话，而应该是一系列反思性的教学活动。教师可以通过案例教学，引导学生发现打电话过程中的典型问题，并归结出打电话的一般性原则。如给别人打电话，应该先介绍自己是谁，而不应该先问别人是谁；要使用礼貌用语；别人午睡时间或不方便的时间不应该打电话……围绕这一交际话题进行教学，关键点在于打电话的普遍规则，而不在于这次打电话都说了什么，是不是说清楚了。唯有这样，围绕生活类话题展开的口语交际课才是有教学意义、有迁移价值的。如果仅仅是模拟教学，学生扮演不同的角色互相打电话，是严重缺失语文课程价值的。我们的口语交际课一定要避免这种“生活秀”，避免这种不真实的“伪交际”。

其次，情境的创设要遵循真实性原则。在情境中，所有的学生都应真实地参与交际活动。要避免一切虚假的情境，体现对儿童的充分尊重，致力发展健全人格。如二年级下册《秋游》，老师较常用的情境是：“下周我们就要去秋游了，我们分小组来讨论一下去哪里秋游……”但是实际上，老师却没有打算安排集体性的秋游活动。这种言行不一致的行为危害很大，损害的不仅仅是学生对口语交际课的态度、对语文老师的信任，甚至会对学生的人生态度也产生严重的负面影响。

2. 正确处理口语交际课中的师生关系。

什么是真正的口语交际？其重要的标志就是，交际者之间、不同发言者之间的语言有内在的联系。遗憾的是这种内在的联系大都通过老师来实现。如在一些独白性的话题中，学生讲述完毕，老师就会提出：“有谁想向他提问题？”有学生提出问题后，老师又会转回讲述者：“你怎么回答他的这个问题？”……老师总是不自觉地把双边关系变成多边关系，一切交际的因素都要在老师这里进行中转。事实上，这样的交际状态已经丧失了其应有的真实性，交际效果也就大打折扣。

口语交际不应是回答问题式的口语表达。毋庸置疑，回答问题可以锻炼口语表达能力。但是，回答问题时的独白不能等同于正式场合的独白式口语交际。从交际对象来看，回答问题仅仅是师生之间的交际，但是主导权在老师手里的问答式交际，与独白式口语交际经历的心理过程是不相同的。

正式场合的独白式口语交际，突出强调“正式场合”“当众表达”，特别强调交际的对象。强调“当众”，其最主要的外在表现就是“面向大家”。故事讲给谁听？是站在自己的座位上、面向老师，将老师作为交际对象，讲给老师一个人听，还是站在讲台上、面向大家，将全班同学作为交际对象，讲给全班同学听？我们应该选择后者，把口语交际从回答老师的问题中解放出来，让学生能够真正体会面向大家、当众表达的乐趣。

从一开始，就让我们的教学形成常规：既然学生是在和全班同学交流想法，那就理应面向全班同学，而不是老师一个人；也就是说，口语交际不是站在座位上面向教师的、与教师之间的一对一的交流，而是面向全班的、当众的口语表达。这一形式上的变化，看似微不足道，却有助于帮助学生形成对口语交际的正确认识——课堂上的口语交际，不是针对老师提问的被动的回答，而是面向特定对象的主动的交际。

在口语交际课上，老师的指导要适时、适度，尽量不要当“第三者”，不要插足，要放手让孩子自己主讲，自己主持。如学生讲述以后，可以请同学提出问题，并选择几个问题进行解答。完全可以让这种交际模式成为惯例，成为班级交际常规。

3. 给学生创设真实的交际氛围，还需认真考虑一些教学细节。

所有教学环节的设计，都能体现老师口语交际意识的强弱，体现老师对口语交际的基本认识。因此，每一个细节的安排，都要进行慎重的考虑，针对口语交际教学的特点选择恰当的活动方式。如导入口语交际课时，不宜出现口语交际之类的专有名词。“今天我们来上一节口语交际课”之类的导入语，会对学生产生负面的心理暗示，会影响学生步入自然的交际状态。又如，在某一个特定的交际环节中，如果某个学生的交际对象是全班同学，那么，让他站在座位上面向老师一个人就是不恰当的，应该让他走上讲台，面向他的真实交际对象——全体学生和教师，并引导他练习相应的交际策略：足够响亮的声音，适当的目光交流……

四、改进口语交际评价的角度

现在的口语交际评价取向，很多时候停留于“当众说话”，满足于“说得好”，而不关注交际效果。实际上，我们不应只是评价学生的语言发展水平，只是评价谁“说得好”。说好只是第一步，不得体依然不行。会说话不等于会交际，语言能力不等于交际能力，我们还要关注学生交际能力的发展，关注交际效果怎么样，关注是否实现了交际的意图，关注在具体的语境中语言是否得体、行为是否得体。

所以，口语交际的评价，既要评价听说的内容、评价学生听说能力的发展，也要评价交际时的行为和态度。后者的重要性不亚于前者，在某些情况下，甚至更为重要，因为它有可能直接决定着交际的成败。

如有的孩子能言善辩，但是声音特别大，经常摆出一副不压倒对方誓不罢休的架势，这不能说是一种得体的交际。在讨论、辩论类的口语交际活动中，学生是否尊重他人的观点，是否使用恰当的语气，是否有真诚的态度，都应该是口语交际评价中重点关注的方面。要通过老师的评价，引导学生学会理解，学会尊重，成为有礼貌的、讲文明的现代公民。

另外，评价要关注全体。在评价的时候，是考虑横向比较还是纵向比较？是“看谁说得最好？”还是“看谁比以前说得好？”我们当然选择后者。我们要避免少数人占据课堂的局面，要关注全体，追求机会均等，追求教育公平，让“沉默的大多数”也有同样的甚至更多的机会得到锻炼。同样，演讲比赛、辩论赛等竞赛性质的活动环节，在口语交际课上也应该尽量避免。口语交际教学活动的设计和教学评价的指向，都应该致力于所有儿童的发展，致力于所有儿童口语交际能力的提高。

五、提升口语交际意识，重视课程资源的开发和利用

基于对口语交际的深刻理解，我们可以把口语交际因素渗透到语文教学的方方面面。

1. 挖掘语文教科书中的口语交际因素。

教材中存在大量的口语交际资源。如五年级下册的相声《打电话》，主人公打电话时言语啰唆误了看戏，对学生的日常交际就有很大的启发意义。如果我们有足够强烈的口语交际意识，我们就能够在语文教学的各个环节，从学生口语交际能力发展的角度关注学生的学习。如在阅读教学的角色扮演环节，也可以努力体现交际性。或者让上台表演的同学面向全班同学介绍将要表演的故事内容，介绍每个人的不同角色；表演之后真诚地向观众表示感谢；观众要自发地给表演者以掌声，等等。

教科书中的某些口语交际话题，适合设计成长期的口语交际活动，变成持续两个星期、持续一个月，甚至持续整个

学期的活动。如三年级上册第二单元的《讲名人故事》，三年级下册第八单元的《神话传说故事会》，四年级下册第四单元的《小小新闻发布会》，五年级上册第四单元的“生活中的启示”，都可以设计成为长时间持续的口语交际活动。每一段时间固定训练一个交际主题，便于学生事先作充分准备，提高交际质量，尽可能保证多数学生参与进来，使教师充分关注到每一个学生的进步。

2. 创造发展学生口语交际能力的常规做法。

常规的口语交际活动是发展学生口语交际能力的必要保障。学生口头表达能力的提高，仅仅依靠方法的传授和技巧的点拨是远远不够的，必须要有大量的口语交际实践做支撑。可是，每学期仅有的几节专门的口语交际课，对于大班教学的几十个学生来说，确实是捉襟见肘。现实状况是，学生在有限的时间里得不到充分的练习，大多数学生在课上得不到当众表达的机会。如果一个学生在整个小学六年期间，在语文课上发言（包括回答提问和当众发言）的次数只是屈指可数的话，很难想象这个孩子会有较强的口语表达能力。为了给学生提供足够的锻炼机会，我们可以考虑建立一些班级常规，持之以恒地开展口语交际活动。

（1）建立常规的班级交流机制。

建立常规的班级交流机制，目的是让每个孩子在每个学期里都拥有面向全班、当众表达的机会，着眼于全体学生，让每个学生都得到锻炼。比如，我们可以开展每天 3 分钟讲述活动，学生轮流发言，并回答同学提出的问题。低年级可以讲故事，中高年级可以讲见闻、谈感受、说看法。每天安排一个孩子讲述，提前排好顺序，让孩子有充足的准备时间。老师还可以和有困难的孩子一起准备，对他们进行有针对性的指导。这种活动看似简单，却可以使学生一生受益。我们还可以开展系列交流活动，交流暑假见闻，交流学习经验；开展读书交流活动，向同学推荐读过的书，和同学分享读书的体会，然后大声朗读一段给同学听。所有这些，都可以成为小学六年长期开展的常规班级活动。

在口语交际课中，也可以尝试实行主发言制，有计划地在每节课上安排主要发言人。以每学期 8 次口语交际课计算，50 名学生，每节课 6 名学生做主要发言人（指站到讲台前面、较正式的、有准备的、面向全班同学的发言），每人每学期可以轮到一次。即使只有这一次，对学生交际自信的培养、对交际心理品质的锻炼也有着不可低估的意义。

(2) 提倡语文教学各领域的口头报告。

我们可以结合阅读教学进行口头报告。如，学习五年级上册《鲸》，可以采取小组合作学习的方式，学习小组在充分读书、获取鲸的有关信息之后，以思维导图或表格的形式整理读书成果，再以小组为单位在全班同学面前口头报告。除了阅读教学，综合性学习成果的报告，乃至于低年级“展示台”栏目的教学，识字成果的展示，都可以以学生个人或小组口头报告的形式来展开。

口头报告的形式，将真实的、有实际意义的口语交际活动整合于语文教学各领域，如识字、阅读（包括课外阅读）、综合性学习，有利于学生综合能力的发展，值得大力推荐。

六、关注口语交际全面发展的因素

口语交际与学生的思维发展、人格完善、心理健全等紧密相关。口语交际教学，在任何时候都不应只是发展学生的口语能力和交际能力，它应以口语交际能力为载体，进行全面的教育。

1. 交际中的心理因素。

我们常常会见到这种情况：学生在日常状态的口语交际十分自如，但是一到正式场合，就变得脸红、害羞、浑身不自在，怕说错或说得不好被别人笑，不爱发言也不爱主动交往。如果学生不敢表达，就不可能表达得好。只有学生敢表达了，才有可能逐步会表达、善表达。因此，小学口语交际教学一个非常重要的方面，就是锻炼学生的心理素质，培养他们口语交际的自信心，激发他们当众表达的勇气。我们应该将培养学生的心理素质、把引导学生敢于当众表达作为发展学生口语交际能力的突破口，首先帮助学生闯过敢于表达的心理关。

培养学生敢于当众表达的心理素质，要从一年级开始，并贯穿整个小学阶段。最简单也是最有效的做法就是提供大量机会，让学生经常当众表达。在起步阶段，可以通过各种方式降低难度，放缓坡度。

（1）借助道具表达。如交流喜欢的小玩具；翻开书给大家展示喜欢的某篇童话。

（2）以小组为单位当众表达。这样做也有助于缓解学生紧张不安的情绪。如，一年级下册第四单元的《续编故事》，可以让各学习小组接龙编故事，然后集体上台讲故事。

（3）从当众朗读起步。当众表达的第一步，可以从学生当众大声朗读开始。因为朗读比讲故事、独自说话容易，学生不需要思考说什么和怎样说，只要照着文章读就可以了。当众朗读可以锻炼学生当众说话的胆量，帮助学生克服当众说话的心理障碍。逐渐地，可以让学生当众朗读自己的习作，然后过渡到当众表达。

（4）转变评价的角度。起步阶段重在激励学生敢于当众表达的勇气。不同年级发展口语交际能力应该有不同的着力点，低年级的口语交际，应该更偏重学生的信心和勇气，更偏重在情感、态度和习惯方面。刚开始不一定要提出太多表达质量上的要求，而是要着力培植信心，让学生觉得上台发言是很自然的事情。

让每一个孩子敢于当众发言、善于当众发言，是小学口语交际教学不可忽视的重要目标。我们力争从一年级开始，就以大量丰富的口语交际活动使学生感受到口语交际的重要性，特别是当众表达，就像我们平时的读书写字一样，应该习以为常。如果学生养成了当众表达的习惯，那么，学生口语交际能力的发展就有了一个很好的开端，我们也就已经成功了一半。

2. 交际中的人文因素。

口语交际能力的发展，伴随着思想的成熟、认识能力的提高。在口语交际教学中，鼓励学生表达自己的真实想法、独立见解，而不止于仿说、复述。通过口语交际教学，形成对人生、对世界的基本看法以及核心价值观，培养与周围人和谐相处的态度和技巧。

如六年级下册《科技的利与弊》，引导学生体会对事情的看法并非唯一，可以从多个角度看世界。有些事情没有绝对的对与错，但有利与弊的衡量。这是非常有价值的对孩子人生态度的哲学启蒙。

另外，发展健全人格，促进心理健康，也是口语交际教学中需要着力关注的问题。如三年级上册《夸夸我的同学》，引导学生发现别人的优点，与别人和谐相处。

微课运用于小学语文口语交际教学的功用与策略

口语交际是一种教学策略和方式，是学生听话、说话能力在实际交往中的应用，它是小学语文教学中的重要组成部分。[①]语文课程标准在课程目标中明确指出：学生要具有日常口语交际的基本能力，在各种交际活动中，学会倾听、表达与交流，初步学会文明地进行人际沟通和社会交往，发展合作精神。而要实现这一目标，就得让口语交际课堂教学中实现教学方式多样化，形式多样化。微课作为一种新型的教学手段，以其丰厚的教学资源、有针对性的教学内容和形式多样的教学方法，成为提高小学语文口语交际教学的一种有效补充形式。因此，本文将首先对小学语文口语交际教学的现状进行解析，明晰当前小学语文口语交际教学存在的问题；其次，在此基础上，提出微课介入小学语文口语交际教学的功用，论证微课应用与小学语文口语交际教学的优势；最后，提出微课运用于小学语文教学的具体策略，以期为微课应用于小学语文口语教学提供理论与实践参考。

一、微时代下小学语文口语交际教学存在的问题

（一）教学方法：强调僵化灌输，忽略实践性

当前小学语文口语交际的教学方法以单一僵化的讲授模式为主：教师把口语交际的相关知识传授给学生，学生被动地接受，然后通过纸笔测验的方式进行练习和评价学生的掌

握情况。致使当前的语文口语教学流于形式，严重脱离学生生活，忽视学生的自主表达、倾听理解、应变合作等能力。口语交际本身就是在和谐的人际关系中互动交流表达的过程，如果教师一味囿于课堂教学时空的局限性，将口语交际相关知识的传授作为口语交际教学的主要内容，只会使小学语文口语交际教学严重脱离学生生活，知识有余而实践不足，未能使学生真正具备倾听、表达、合作与交流，初步学会文明地进行人际沟通和社会交往的能力。

（二）教学过程：注重预设性，忽视学生主体性

口语表达本身就是一个互动的过程。口语表达者要贴近其生活的情境中进行言语交流。[②]然而，当前很多口语交际教学的教学流程都是提前预设的，教什么内容、问什么问题、每一步该做什么、学生该回答什么，都是教师事先演练、提前规定好的。教师在上口语交际课时，让学生按照自己的思路，按照自己规定的模式去交流和表达，将学生的思想固定在自己提前预设的范围，严重忽视学生作为学习主体所拥有的自主表达、主动应答、积极应变、合作互动的能力，导致当前的口语交际教学规范有余而灵活不足，无法为学生提供自由表达、轻松交际、真实沟通的口语交际情境。

（三）教学对象：过于统一化，忽视学生差异性

在小学生语文口语交际教学过程中，要注重教学对象的差异性，因材施教。在小学语文口语交际教学中，有些学生的性格是活泼开朗、善于交际、勇于表达，而有些学生的性格是沉默寡言、羞于表达。这种情况下，教师就经常把发言机会留给善于表达的学生，其口语交际的能力必然得到更多的培养和锻炼，而那些不爱发言的学生，也越来越不爱表达。长此以往，在口语交际能力的培养方面，小学生的水平就参差不齐。[③] 除此之外，大部分成绩好的同学在课堂上都较为活跃，教师也乐于与成绩好的同学交流互动，而成绩偏下的同学则刚好相反。教师要认识到性格是天生的，而口语交际能力的形成是后天培养的，教师要根据学生的性格差异实现因材施教，制订不同的口语交际能力培养方案，为学生提供真正适合口语教学。

二、微课运用于小学语文口语交际教学的功用

（一）微课为口语交际创设教学情境，增强学生实践体验

传统的口语交际课教学方式单一，枯燥乏味。微课的注入能使口语交际课教学方式生动形象。如在上《请你帮个忙》口语交际课时，首先，教师可以提前创造“帮忙情境”，要求每位学生在放学回家后向自己的爸爸妈妈借一件东西，并把向家长借东西的整个过程用手机录制并上传至微信群。其次，教师将收到的视频进行整理，挑选具有针对性的视频，并把它们做成微课，然后在第二天在课堂上呈现给学生。在教学过程中，让学生通过观看教师整理的视频，并分组讨论，相互评价，自由表达，悟出“请人帮忙”需要含涉的礼仪、细节和表达方式。最后，教师对学生的表现以及课程的学习进行总结评价。这一充满情境性、体验性、学生主体性的教学方式，能够积极发挥学生主体性，而且教学目标也在微课的有力帮助下高效完成，可见微课所创设的教学情境，能更好地激发学生表达的欲望，增强学生的表达、交流兴趣。

（二）微课让口语交际教学过程远离预设性，激发学生的主观能动性

微课教学离不开教师的预设性。也就是说，教师在上任

何一堂课前，要对学生的基本情况、教学目标要求、教学材料等有一个基本的预设，但这一预设性只是教学的一个基本环节，也就是课前准备。在教学过程中，由于学生的课堂表现会随教学内容的难易程度、教学方式的独特性而产生变化，如果教师在教学过程中一味按预先设置好的教学流程进行教学，忽视学生的需求和变化，必然无法实现口语交际的教学目标。将微课注入口语交际中，能有效避免教学过程僵化，充分发挥学生的主动参与，实现师生共同互动交流。比如在上口语交际课《有趣的动物》，教师通过微课制作的谜语让学生去猜，让学生初步了解动物的特点，接着让学生来介绍自己喜欢的动物，学生说完后，教师出示动物的图片，学生观察后，小组评价一起讨论应该怎样把自己喜欢的动物的有趣之处介绍给大家，最后小组代表上台向大家汇报。在微课注入的口语交际教学过程中，充分发挥了学生的主观能动性，既培养了学生的合作能力，也培养了学生的想象力。

（三）微课让口语交际教学过程联系生活，提升学生的生活交际能力

口语交际能力是一种生活交际的能力，它能为我们生活提供更好的服务，同样生活也能为口语交际教学提供无限的资源。当前微课教学中，很多微课素材多源于学生日常生活，这与儿童发展需求和身心发展规律密切相关。以最接近学生认知水平的教学素材、教学手段对学生进行口语交际教学，能在一定程度上提升学生在日常生活中的交际、表达能力。比如在学习口语交际《打电话》这一课时，教师让学生回家用爸爸或者妈妈的电话给自己的朋友或者其他的长辈打一个电话，再让爸爸妈妈给自己的朋友或者长辈打一个电话，并且保存好录音，第二天把录音带来学校。教师将学生和家长的录音作为微课的素材，在上口语交际课的时候让学生总结与别人打电话的时候应该注意什么，这时候学生一定有许多话要说。打电话在我们生活中是一件普通得不能再普通的事情，让学生去关注生活的这些小事，一方面能让学生的热爱生活，另一方面又能提升学生在日常生活中的交际能力。

三、微课运用于小学语文口语交际教学的实践策略

（一）录制微视频，为学生提供先行组织者

先行组织者是一种先于课堂教学的引导性材料，主要是在学生“已知”与“未知”两种知识之间架起认知的桥梁，以便为学习新的内容提供观念上的附着点，从而起到引导和组织的作用。[④]教师通过录制微视频的方式，为学生提供学习重点和难点内容，让学生在这一内容指导下，观看微视频，自主探究、搜集材料，以理解、认知、表达课程要求的要点。这一录制微视频的方式即为学生提供先行组织者的过程，充分体现学生的主体地位和教师的指导作用。也就是说，教师在录制微视频的过程要紧扣口语交际教学目标要求，关照学生的日常生活经验，符合小学生语言、交际规范，尽可能使微课教学贴近学生生活实际，微课教学呈现方式要生动且富有趣味，凸显教学的重难点和核心知识，循序渐进地推进教学，充分尊重学生身心发展规律。

（二）实施微教学，充分发挥学生的主体性

教是为了不教。传统的口语交际教学主要以教师讲授、学生被动接受的方式为主，偶尔会有一些学生进行情景表演和自主表达的环节，但往往教师占据课堂的时间居多。当微课运用于口语交际教学，限于“微”的时间限制，教师讲学生听的时间会大大减少。微教学要求教师要提前为学生提供

教学的重难点、易错点、疑点和混淆点，其他时间要多留给学生自主思考、钻研，充分凸显学生的主体地位。除此之外，教师要为学生组织和制造具体情境，提供必要的导学教案，让学生在任务导向下学习相关微课内容，并带着清晰的目标意识主动进行探究和思考。

（三）开展微评价，及时改进与提升教学质量

评价是提升学生口语交际学习质量的重要参照。斯滕伯格有言："评价的目的不是为了证明，而是为了改进与发展。"通过微课与微任务的方式使学生在没有教师指导的情况下进行自学自练，相关平台能够及时向教师反馈学生的实时学习状况和效果，教师则通过对平台反馈的学生数据进行分析比照和研究，不断调整和引导学生发现问题、解决问题，从而提升口语交际教学的质量。也就是说，教师对学生要积极采用微评价的方式，时刻关注学生口语交际的行为表现和表达倾向，并及时对学生的表现做出评价。除此之外，微评价要基于学生的差异性，以多视角、多元化的方式评价学生。在微课中，可以运用一些优秀的口语交际实例视频引导学生，但切不可以用完美的标准评价概括案例，要让学生在观看、交流后自我发现和评价。

小学生语文口语交际是学生实现言语表达流畅、思维逻辑清晰、知识能力增长的重要路径。将微课灵活融入口语交际教学，利用微课为学生口语交际教学设计和制造真实情境，能够让学生在体验的过程中培养交际兴趣，提升言语交际技能，活化交际思维，生发交际智慧，从而真正教会学生学会文明地进行人际沟通和社会交往，逐步促进学生社会化。

注释：

① 叶燕. 微课在小学高年级口语交际教学中的应用策略研究［J］.新课程（上），2019（03）：18.

② 李红花. 关于小学生语文口语交际能力培养的几点建议［J］.中国校外教育，2016（04）：32.

③ 白文玺，李妍彦.微课在小学语文口语交际活动中的运用［J］.甘肃教育，2018（05）：95.

④ 张娟.“先行组织者”教学理论在小学数学教学中的应用［J］.基础教育研究，2016（08）：67+69.

附 录

与阳光同行

◎ 龙正舟

早起已成一种习惯，我的目光穿过校门口的树梢，小镇逐渐热闹起来。面对熙熙攘攘的人群，心中升腾着一种向上的感觉，初阳刚好照在树叶上，此刻空荡荡的校园里仿佛举起崭新的渴望。近段时间的纷纷扰扰告一段落，那些行走的故事一如今早的云彩，让一切变得那么真诚。

细想夜深人静，临窗远眺，霓虹闪烁，万家灯火，喧嚣与繁杂的时代，当繁华落尽，铅华洗去，熙攘忙碌之后，总觉得凡此过往，皆不真实，潮起潮落，花谢花开。春去秋来，时如流水，意随岁去。

建猛兄弟在文中写道：我和正舟又开始聊起关于人生的话题，在这样一个时代里，我们都要有责任意识和敬畏之心。能力小时，就做一点小事情。稍微有能力时，就做点大的事情。不能过着得过且过的生活，并不是一定要追求什么名利，但是我们得对得起党和国家对我们的培养，对得起养育我们的父老乡亲，对得起那些关心和支持我们的人。因为热爱文学，因为心中有着相同的梦想，我们总在行路的过程中思考人生，也反思那些走过的点点滴滴。因为遇见正舟，我觉得遇到了一个好兄弟，一个能够宁愿自己吃亏，也要帮助别人的好兄弟。我们走在一起的时候，总有聊不完的话题，对国家的思考，对教育的思考，对自己的思考。在迷茫和彷徨的时候，能够相互倾诉一下，就会释然很多。

当我看到他的文章，里面有他对生活的感悟和内心的真诚，我把他的文章分享在朋友圈配上这样一段话：建猛兄弟的文字还是那么意味深长，读来字里行间充满了真诚。一天的行走，挤出时间记录，读完让我感动，感动缘于他文中末尾的“凌晨”两个字，我想这份真诚会让我铭记人生路上心意相通的文字。今天借用中午休息时间读完他的文章，对我来说，未来不可知，但我们会用师者的良心和情怀抒写有温度的文字，传递我们对这个美好时代的感恩。难得的相遇、相逢、相知。

有时泡上一杯茶，看云卷云舒，品人生百味。时间的车轮缓缓向前，碾压一切喜悦与悲伤。张爱玲说：我们都是寂寞习惯了的人，由此寂寥一生。我们没有如此悲观，我们从教师的角度，历经生的喜悦、成长之乐、教育的幸福、惆怅中年、落寞黄昏、终归寂静，在教育的路上与阳光同行。

罗曼·罗兰曾说：世界上只有一种英雄主义，那就是在认清生活的真谛后依然热爱生活。我们有过激扬文字、快意江湖的时刻。选择沉默，是因为阅人无数、千帆过尽，依然选择用温柔对待世界，用责任担当未来。从馥郁芬芳到馨香宜人，从浪花激荡到静水深流，既是力量转换，更是教师心路的修炼。

鲁迅先生说：世上本没有路，走的人多了就成了路。对于人生来说，所有走过的路都是心路。

现实支撑了梦想，还是梦想支撑了现实？或许并没有明确的界限。面对浩瀚宇宙、灿烂星空，生命所有的意义在于活着，活着所有的意义在于奔跑，脚下用力，眼向前方，这就是生活的全部，也是完成心路修炼的不二法门。

与阳光同行，倍感温暖。青春年华的记忆，仿如阳光照耀的熠熠模样，让昏暗的乾坤有了出口，让沉闷的世界蓦然舒畅，随着夏风的旋律摇荡。悲壮的诗行有了站立的气概，笑傲未来时空。

《教师教育理论》学习心得体会

◎ 龙正舟

教师应是终身学习者，通过学习不断“充电”，使自己成为不息的“源头水”和“长流水”，并要使自己快速成长，务必结合教学实践，多学习勤研究。

通过学习教育理论，我充分认识到全面实施素质教育，促进内涵发展是当前基础教育改革与发展的核心任务，是一个影响深远、任务艰巨的系统工程。特别是增强深化课程改革是教育改革的核心内容，是素质教育由外延到核心突破的关键环节。课程改革的深入进行，加强学校管理、规范办学行为是全面实施素质教育的重要措施，是依法施教的必然要求，是坚持面向现代化、面向世界、面向未来的重要体现。遵循教育规律和学生成长规律，面向全体学生，为学生全面健康发展奠定基础。教育是一岗双责，既教书又育人，形成全员育人、全程育人的德育工作机制，把德育渗透到学校工作的各个领域和各个环节。德育为首，道德思想、民族精神、理想信念、法治观念、心理健康成就一个人的心理素质。在技术、艺术、体育与健康、综合实践四个领域拓宽了学生能力发展的天地。促进学生的心理素质与技术能力相结合，得到和谐发展。我作为一个信息科技课的教师，应该身体力行贯彻贵州省推进素质教育新政策精神，努力尽自己力量为学生营造平安、文明、和谐的校园氛围，努力培养学生成为弘扬正气、团结友爱、生动活泼、全面发展的人才。

教师在既定的课程标准、教材内容、评价体系等条件下，该如何充分发挥主力军作用？教学对象应面向全体学生，而不只是照顾少数能升学的尖子生；教学内容应是教给学生对明天有用、能适应未来社会发展需要的东西，而不能只限于课本与应试的知识与技能；教学关系应是以学生为主体、教师为主导的双边互动，而不是教师“一唱到底”、学生被动接受的单向传授；教学手段应是现代多媒体与传统手段的整合，而不是仅靠一支粉笔一张嘴“战斗”一节课；教学方法应以启发式手段引导学生主动探究，而不是“填鸭式”的一味灌输；教学重点应着眼于学生创新精神和实践能力的培养，而不是考试方法与能力的反复训练，强化学生的个体参与，不仅要调动他们动耳动脑的心智投入，还要促使学生动眼、动嘴和动手；教学目标的达成不仅需要引导学生自主获得知识，而且还要促进学生的情感、态度、审美等心理以及思想品德的提升。

第一，突出创新精神和实践能力的培养。传统课堂教学，“师道尊严”的气氛太过厚重，培养的学生相当一部分是考试的“高手”，而缺乏独立分析与解决问题的能力。我们应该着眼于学生创新精神和实践能力的培养，抢占素质教育的制高点。应极力创造让学生敢想善想、敢问善问、敢做善做、敢说善说的课堂教学环境。学会尝试，真正变“要我学”为“我要学”“我会学”，真正把打开知识宝库的“金钥匙”交给学生，学会持久发展。

第二，注意非智力素质的培养。非智力因素在智力开发、人才培养方面具有十分重要的作用。培养学生的非智力因素应贯穿教学过程。其中，教师的个性、教学艺术，学生的人文修养，教学手段与课程设置的更新，教育环境的改善，专门的心理健康教育与培养，都与学生非智力因素的养成关系密切。培养学生的非智力因素已成为学校实施素质教育不可缺少的核心内容之一。实施素质教育，必须重视学生整体素质的提高，彻底改变应试教育重视学生智能提高而忽视学生非智力因素培养的传统教育观念，树立素质教育新观念，加强对非智力因素的培养，为社会培养更多的、合格的、全面发展的高素质创新人才。用非智力因素的培养促进智力水平的提升，用智力水平的提升促进非智力水平的发展，把智力开发和非智力因素培养结合起来，使学生智力活动水平与非智力因素水平协调发展，把素质教育落到实处。

第三，要把因材施教落到实处。传统的课堂教学，教师往往只关注中等及以上学生的学习，忽视少数“差生”的发展。在大力推进素质教育的过程中，已经有越来越多的人认识和体会到重视学生个别差异的重要性。学生的个性和智力发展水平千差万别，所以教育的方法也不能千篇一律，必须因人而异，随机应变，讲究策略，因材施教。要培养全面发展的学生，教师要采取课内与课外相结合、理论与实践相结合、学校与家庭相结合的多种多样的相互交叉配合的教学方式和方法，从而丰富教学材料，提高学生的综合能力，取得良好的教学效果。

强调课堂教学在素质教育实践中的重要地位，就不能忽视课堂教学魅力，失去吸引力的课堂显然无法承担素质教育的重担。教学要有独创性，须知教学并非机械化、千篇一律地演习教材，而是一种创造性的活动，要不断探索新的教学方法和途径，以创造性地“教”引导学生创造性地“学”。教学要有预见性，每一门课、每个章节、每一堂课，都须经周密思考，对整个教学过程要有基本的估量。教学要突出学生的主体地位，教学并不只是传经布道，要让学生主动参与教学，不是“授人以鱼”而是“授人以渔”。要重视教学效果。在实施素质教育时，要提高教学效率，及时了解教学效果，通过效果的反馈，随时调整教学过程。

全面实施素质教育是时代赋予我们的一份厚重责任，我们没有推脱的遁词，也没有回避的理由。我一定会投入更多的精力和时间，在研究课堂教学、改进教学方法、提高课堂教学效益上多下功夫，提高单位时间的教学效益，明确自己的责任和任务，积极研究落实各项措施。树立起实施素质教育人人有责、从我做起的观念，积极投身到当前的各项实际工作中去。

《给教师的 100 条建议》读书心得

◎ 石晓英

毫不夸张地说，我觉得《给教师的 100 条建议》真是一本好书，我以前也听说过，但从来没有阅读过，从来没有像看这本书那样地看一本教育书籍。曾几次，水开了又凉了，凉了，又开了，也不记得去倒水；曾几次，小鸟停在窗前叽叽喳喳地叫，也不能唤醒我；曾几次，音乐停了也没有感觉到。我如饥似渴地阅读着里面的每一篇文章。

这里的每一篇文章都深深震撼了我，看了后，我由衷地说："苏霍姆林斯基真伟大，不愧是世界著名的教育理论家和实践家。"他如道家常般的每一句话是那么实在又那么富有哲理，列举的每个事例是那么熟悉，就好像是我自己曾经碰到过的许许多多的问题，觉得这些年的书自己教得是那么的失败，在教育教学这门艺术中，我还算是一个门外汉。我只能将自己阅读这本书所感受到的点滴，用浅显的文字与各位分享。

最先吸引我的是《教师的时间从哪里来》《谈谈对后进生的工作》《关于写教师日记的建议》，因为这是我迫切希望解决的几个问题，看了后帮助很大，主要是在思想上、观念上有了转变。我也经常抱怨没有时间，忙；我也想写教育日记，但总是找一些借口推托，写了几天，还是不能坚持下去。

曾经有位教育家说过："只读两本书（教材、教参）的教师无论如何是不能成为优秀教师的。”这是做一个“真正的教师”所不可缺的“精神底蕴”。“有人说‘没时间读书’，关键还是他不想读书。”我完全赞成这句话，并感同身受，因为我就属于这种类型。我老是想：“老师也是人，老师的压力也是相当大的，应付学校各种各样的检查，做课题，搞教研、进修、培训、评职称、提高教学质量、早上要带学生学习，中午下午还有各种少年宫活动，忙了一天，回到家里只想坐下来看看电视、听听音乐，放松放松，哪有精力读书？”这几天阅读《给教师的100条建议》一书，我才发现，尽管现在的教育形势发生了很大变化，但苏霍姆林斯基那闪光的教育思想，对今天的教育工作者来说，丝毫不显过时。他在《谈谈教师的教育素养》中提到了，教师提升教育素养的主要途径就是读书、读书、再读书，读书应该成为教师的精神需要。教师只有懂得一些课堂上无法学到的东西，才能使视野变得宽广，才能成为教育过程的真正能手。而不是只知道自己所备课的教材内容，因为那样会使课堂变得缺乏情感，学生的兴趣也会荡然无存。

苏霍姆林斯基的教育思想异常丰富，能涉及的内容，范围非常深广。他说：“如果有人问我，在我的生活中什么最重要。”我将毫不犹豫地回答说：“对儿童的爱。”这是他教育思想的基础。因为在他看来，只有爱儿童，才能信任和了解儿童，才能把心灵献给儿童，才能把教育工作纳入儿童茁壮成长的轨迹。他说：“如果跟孩子没有友谊，跟孩子思想上没有同一性，这种教育如在黑暗中徘徊。”他又指出：智慧只能用智慧去培养，善良的心只能用善良去培养，对祖国的忠诚只能用积极为祖国服务的行为去培养。”看到这里，我不禁想到我们班转来的那个插班生。这男孩子性格古怪，行为习惯极差，对待学习毫无兴趣可言，身上总是脏兮兮的，班上没有那个孩子愿意接近他，都说他是呆子。在与他进行多次谈话也毫无效果后，无奈的我只好将目标转向他的监护人——姑姑。在家访中我了解到，这孩子的父母长年在外务工，很少关心孩子的学习及生活，有时是几个月都不寄生活费。姑姑子女多，也理不过来，所以大多时间是对他不管不顾的。他现在需要的不是一个老师对他学习上的鞭策，而是一个母亲对他的慈爱。此后，我不再用严厉的态度批评他，而是鼓励他从点滴改掉以往的坏习惯：哪一天他的脸干净了，我在班上表扬他；他打扫卫生了我表扬他；他把座位整理好了，我表扬他……就这样，他得到我的表扬越来越多，行为习惯也有了很大的转变。这段时间他开始在教室里大声朗读课文了。同学们都说："龙杰一点也不呆！"当我听到这些反响时，心中无比欣慰。

虽然，这本书我已读完有些时日了，但每当我闭眼沉思的时候，它还是那么清晰地在我脑海里汹涌澎湃。苏霍姆林斯基用他 30 多年的教学实践经验向我们阐述了教育的真谛，虽然他来自不一样的年代，不一样的国度，但他闪光的思想对我们来说，仍有着借鉴意义。教育的问题是共性的，它不会因时代的变迁而改变或消失。书中的许多经验都值得我学习和反思，这些都将成为我一生享用不尽的财富！《给教师的 100 条推荐》是一本好书，好书的特点之一就是常读常新。我想，当我在教育上遇到困惑时，我还能够再读一读这本书，必然会有新的收获。

在“突围”中寻求一线生机

——读《乡村教师突围》有感

◎ 石晓英

今年，我利用课余时间拜读了乡村教师吴再柱的新书《乡村教师突围》，书中一个个故事令我十分感动。循着书的目录，我们不难看到一个乡村教师在自我救赎与突围中的艰辛付出。同为乡村教师的我，自然更能深刻地感受到，在充斥浮躁与物欲的当下，与许多光鲜和多金的职业相比，教书只是一份勉强糊口的工作；而在这样一种清贫的生活中，不仅能不忘教育的初心，且以自己的方式不断催逼自我发展的行为，是何等的难能可贵与不易！

新一轮的基础教育课程改革在学校已经实施了好长时间，这给我带来了巨大的挑战和机遇。面对新的课程改革，需要有改革意识认真研读，接受各种培训，从而体会新课程标准体系中所包含的思想，树立正确的教育观。但教师最重要的是根据新课程标准的要求，改变自身的教学行为，迎接新的挑战。当我们“走进新课堂”的时候，才可以说真正实施新课程；当我们通过“新课堂”来展示课程内容的时候，才可以说真正实施了新课程。那么，课程教学也就是我们所说的上课就成了实现新课程最重要的“生命线”。

从书中，我们可以看到当前中国教育尤其是农村教育存在的问题。比如，农村学生受条件的限制，既没有课外书籍，也难以享受到少年宫和活动中心提供的校外教育服务面对留守和安全的现实，假期中学生们最可能的去处就是各种补习班，但吴老师疾呼，让孩子过自己的暑假。

又比如，当看到因为布局调整而撤并一些村小时，吴老师发出既无奈又忧思的叹息：孩童们是否还拥有玩耍泥土、亲近自然的机会？课堂上是否经常性地给学生们渗透着一种认识乡村、反哺乡土的人文情怀？这样的疑问，也一定能引起乡村教师的思考：学校教育在保持本有特性的同时，简单地删除、复制与粘贴，是不是也是丧失个性的一种方式？我们又该如何整合有效的乡村文化资源呢？

面对现实中的教育弊端，吴老师用“突围”的方式告诉我们用个体行为把握幸福，同时也要“常给自己心灵鸡汤”。他用自己的脚步丈量着农村学校与名校的距离，得出这样一个观点：普通学校与知名学校的距离，不是物与物的距离，而是人和人的距离；不是时间和空间的距离，而是理念和信念的距离；不是教育质量的距离，而是与教育规律的距离。他时常用充满爱意的眼神打量这群少男少女，让我们不禁反省自己有没有善待那些不怎么优秀的学生；他还用无比睿智的眼光衡量课堂教学的标准，认为只有促进了人的发展，才能算是有效课堂，而让他真正有所突围的，除了广泛的阅读之外，还有勤奋的笔耕。这也让我悟出了从教书匠走向名师的重要途径：一边阅读，一边写作。

那么，乡村教师该如何突围呢？

“改变你所能改变的，接受你不能改变的”，这无疑是一种充满智慧的生存方式。对于乡村教师而言，我们所能改变的，应当包括思想情绪、思维方式和行走姿态。因而我认为，无论是从教育良知出发，还是从生命状态来看，我们既有可能，也有必要更大限度地发扬勤劳、淡泊、朴实和坚韧等优秀品质，去实现心灵的突围、理念的突围、课堂的突围和学校的突围。

心灵突围，需要我们用“个体行为”去把握幸福：心怀感激，生命便有了阳光和温馨；心怀忠诚，灵魂便有了责任和宁静；心存真爱，生活便多了自然和天真；心能上进，旅途便有了灵动和风景。需要我们拥有一颗“古仁人之心”：既能“拿得起”，又能“放得下”，还可以“看得开”。实现心灵的突围，最好的方式是“读万卷书”：读书之乐在宁静，在宁静中提升素养，在宁静中保持理性，在宁静中执着践行，通过阅读完全可以让自己成为一位“明师”——明白自己的优势与不足，明晰学生的需要与困惑，明确教育的旨归与起点。

理念突围，首先让自己成为一个“大爱·大智·大写的人”：“大爱”即是爱自己、爱生活、爱职业、爱团队、爱公平；“大智”便是善学习、善蹲下、善造势、善装傻、善欣赏；只有让自己先成为一个“大写的人”——有信仰、有思想、有人格、有修为、有力量，我们的学生才可能成为一群“大写的人”。理念突围，需要我们做“学生角度”的德育，也就是做“学生视角、学生喜欢、学生受益”的德育。需要我们有热爱学生的情怀，有读懂学生的能力，有培养公民的使命，更有与时俱进的行动。需要我们既有“正能量”，更有“正方向”：如果说“正能量”是一种激情、一种心态，那么，“正方向”则是一种责任、一种情怀。这种责任与情怀，便是让教育的每个时刻都名副其实地体现着“生命在场”。

课堂突围，需要我们具有一种“理想主义的态度”——“为劳动而生活”，把教育作为灵魂的一个枢纽工程，作为生命的一种表达方式，去追求和演绎一种“生命的课堂”：用知识“吻醒”生命，以生命“吻醒”知识，在知识落实、精神愉悦的基础上，始终贯穿生命的召唤。需要我们用良好的心态去校本教研，“求真·向善·唯美”地进行教学反思：客观审视教学得失，努力完善自我人格，不断追求艺术境界。需要我们探寻并遵循着教学规律：关注“人”，突出“学”；低起点，慢爬坡；先“教死”，后“教活”；堂堂清，人人过。需要我们驾驭好有效教学的“三驾马车”：知识教学，课堂管理，习惯催逼。需要我们理顺开放课堂的辩证关系，坚持一种“中庸之道”：放开展示，不放指导；放开体验，不放示范；放开对话，不放效率；放开课堂，不放质量。

学校突围，要有一种“办好学校并不难”的办学自信：只要具备了事业心和主见，办一所成功学校，也是“非常自然和顺理成章”的事情。学校突围，需要我们迅速补上“文化课”：兼容并包，接纳和传承优秀的文化基因，不断丰富学校文化；并以此教化人，塑造人，熏陶人，补全学校的“文化短板”，名副其实地实现“文化育人”。需要我们明确并缩短与知名学校的距离：它不是物和物的距离，而是人和人的距离；不是时间和空间的距离，而是理念和信念的距离；不是与教育质量的距离，而是与教育规律的距离，也即是校长与正确理念的距离，教师与专业书报的距离，学生与良好习惯的距离，学校与校本课程的距离。需要我们积极打造“公民校园”：规则意识强，行为举止美，文化氛围浓，教育质量高。需要我们紧扣关键词，培养好公民：生命在场，生活在线，规则意识，学科渗透，言传身教。需要我们用真机制、真行动，去锻造真教育家，去真正提高教育教学质量。

也许，在今天的教育沉疴和利益博弈中，吴再柱校长的

“突围”并不足以扭转乾坤，但他至少以“明知不可为而为之”的姿态试图做着“静悄悄的革命”。我以为，或许这一点才是最重要的。

让“教育”成为传续文明的集体信仰，在“突围”中给自己和师生乃至学校教育带来一线生机、一片光明。

让教育成为一种志业

——读《汪智星与你相约语文》后感

◎ 石晓英

有人说，人生有三大境界：一是物质人生，二是艺术人生，三是宗教人生。如何追求一种快乐的让心灵释放的艺术人生呢？那就是多读书。作为教师，尤其要多读教育类书籍。

作为一名教师，踏上讲台的那一刻起，这辈子就注定了与书结缘。自从当妈了以后，床头摆放着的多是育儿方面的书籍。上学期，因名师工作室的工作之便，有幸读到《汪智星与你相约语文》这本教育专著。我边看边与自己平时的教育实际相比较，不禁有了感触，有了共鸣。它让我再一次感受到读书是一种幸福、一种乐趣，更是一种享受。

本书主要从三方面记录下了汪老师的经验，分别是："教学理论""精品课堂""经验反思"。从一篇篇案例中，我们能够读懂语文学科的规律，收获不少的语文教学理念、方法与策略，也让自己明确了教育的方向。拜读完整本书后，更让我深深地感受到以下几点。

一、教无止境，不断进取

海纳百川，才有了大海的浩瀚无边。一个真正优秀的教师，就应该是一个不断进取的学者，向前辈学习，向优秀者学习，甚至向我们的学生学习。陶渊明说："勤学如春起之苗，不见其增，日有所长；辍学如磨刀之石，不见其损，日有所亏。”坚持不懈，就会天天成长。教师作为知识的传播者、人才的培养者，就更应该勤奋地读书学习。最终达到一种境界：读书内化为精神需要，读书成为一种生活习惯，读书成为生命中不可缺少的部分。

教师读书不同一般人读书，要活读书、读活书、读书活；学习的方面要博而精，要有自己的选择。如读教育名著，与大师对话，和名校交流，拜专家为师，以学者为友等。不仅学大师们的理论精髓和实践经验，更要学习他们不迷信权威的创新精神，学习他们不懈追求探索的人生境界和献身事业的人格力量。同时，要懂得把学习内容转化积淀为综合素养和创造能力，这样才能提高业务水平，提升追求的境界。

二、心怀信仰，脚踏实地

一位哲人曾经说过，世上有两种东西亘古不变，一个是我们头顶上的日月星辰，一个是每个人心底的高贵信仰。

信仰是什么呢？一只毛毛虫从破茧到成蝶，湛蓝的天空是它的信仰；一粒种子从破土到发芽，广袤的大地是它的信仰；涓涓溪流淌过雪地平原，浩瀚的大海是它的信仰。信仰让我们执着，让我们勇敢，让我们体会奋斗，懂得追求。

有幸在微博上搜索到汪老师的个人博客，打开后醒目的位置写着这样一句话，人生“志愿”：把一件事做到底！从2009 年 7 月 7 日第一篇博文的问世到 2016 年 6 月 23 日，7 年时间里，他的个人博文达到了 1037 篇，平均每年 148.14 篇，每月 12 篇。也许有人会说：“每月 12 篇，也不算多呀！”的确，每月 12 篇，坚持一下，我也可以做到，甚至可以比他写的还多！可汪老师最令人敬佩的是这一写就是 7 年！

在这7年84个月里，从不间断！

有人问道："汪老师，您不累吗？"他笑了笑，语重心长地说："累，并快乐着，做自己喜欢做的事，所有的付出都是一种享受。我喜欢写作，我会一直写下去，7年，17年，27年，直到我手臂抬不起来的那一天……"

他的这段话深深地印在了我的心里。这不正是对信仰最好的诠释吗？当老师是要有信仰的，做党员教师就更需要有信仰。有了信仰，我们才会拥有一颗高尚睿智的心灵，一种博大深邃的精神，一份真诚温馨的情愫，一种高贵雅致的人格。

我庆幸在自己的教育生涯中，能够遇到汪老师这样的好老师，让自己在语文教学的这条道路上少走了许多弯路。在教育世界中，倘若有坚定的信仰熠熠生辉，倘若有丰富的思想相互碰撞，倘若有高尚、丰富、独到、深刻的思想鼓舞人心，我们的工作，我们的人生，才更有趣味，更有魅力，我们才真正无愧于上苍给予我们的不可重复，不可替代，无比珍贵的生命！

名师工作室个人读书心得

◎龙　蓉

我阅读了《班主任兵法》一书，感觉书中充满智慧和育人的艺术，下面是我的一点心得体会：教育是艺术，教育是科学，教育有规律可循，教育更需要耐心与热情。正如所有的艺术与科学一样，它需要智慧的指引，以便让我们更加科学，接近我们最初所拥有的理念，让我们的教育实践走向成功。万伟的《班主任兵法》可以算得上这样的一本智慧书，他用自己的实践经验为我们教育实践提供了一种成功的思路。此书让我感触很深的主要有“攻心为上”与“掌握时机”两点。

一、攻心为上

“攻城为下，攻心为上。”这既是行军打仗一条至高无上的原则，也是一切兵法的核心思想，从某种意义上说，也是一切学生工作的核心思想。那么，何谓“攻心”呢？攻心，即是对学生所出现的问题，教师一定要研究学生的心理，思索学生的动机，站在学生角度体会学生的感受，然后对症下药，采取措施。使用的办法通常都比较缓和，但是却正好击中学生要害，犯了错误的学生，不但乖乖认错而且心服口服，教师的任务通常也能很好地贯彻下去。因此，在做学生工作的时候，尽可能“智取”，不能“硬攻”。当然，要切实做到

“攻心”，教师首先要能控制情绪，避免当众与学生发生冲突，并提高修养，使自己心胸宽广。

此外，一定要善于随机应变。学生的心理是千变万化的，在一些具体场景中，常会有突发情况，当学生的心理发生变化时，教师一定要随机应变，及时调整策略。最后还得了解学生的心理，与学生多交流、多沟通，了解他们内心最真实的想法。一名教师，与其说他从事的是传授学生知识的职业，不如说他肩负的是改变学生心灵的重托。学生心灵改变的过程，是个人体验、感悟的过程。教师所要做的，就是在关键时刻为他们稍加指点，使学生的“航船”纠正方向，驶向光明美好的前方，以“攻城为下，攻心为上”为准则，相信教师的工作必将事半功倍，无往不胜。

二、时机掌握要准确

一名好的指战员在战场上要不断地审时度势，做出正确的决定。教师的工作也一样需要掌握时机。掌握时机，可以从以下四个方面入手。

第一，争取时机。在战场上，兵贵神速，时机可以说是最好的武器。教师的教育工作有时也是要抢时机的。比如说，初中生常常在初一初二比较迷茫，但到了初三，就会知道要认真学习，但却发现已经没多少时间了，他以前的基础太差，再想努力但时间已经不够了。教师如果能够充分认识到这个规律，便会事前做好准备，让学生在没有幡然悔悟之前学习上尽量能够跟上。

第二，利用时机。在学生的学习生活中，每天也会有大量的事情发生，其中有些事情教师如果好好利用，便是非常好的教育时机。比如说运动会的比赛，全班都参与了，这便是一个很好的集体主义精神的教育时机，教师可以给运动员打气，组织啦啦队加油鼓劲，组织没有比赛的学生也参与到集体活动中来。总之，教师如果充分动脑筋，把一些大家看似平常的事情做足文章，是会产生非常好的教育效果的。

第三，创造时机。教师在做学生的思想工作时，常常遇到学生思想有顾虑或因其他原因不愿配合，教师不宜开门见山，而要闲聊一些别的话题以拉近师生之间的距离，等到学生的戒备消除了，情绪缓和了，师生感情融洽了，再慢慢进入主题，或许会有好的效果。

读完此书，我逐渐认识到教育也是一种艺术，是人与人之间心灵的沟通，必须用心研究。老师应该不断探索，不断积累，在实践与反思中提高班级管理水平。教育事业需要你我的奉献、更需要你我的真诚和挚爱，只有今天我们播撒爱，明天才会更加灿烂。

后记：做相亲相敬的教育人

我们是耕耘在乡村一线的教育人，大部分都过得极为普通和平凡。但是，我们不能在日复一日的简单生活里迷失自己，应该感谢教师这个平台，给予我们平静而又安宁的生活。我们所教育的对象是活生生的人，如何把人培养好是一项极为复杂的系统性工程。开启孩子幸福的钥匙有很多把，其中必定有一把藏在校园中，握在教师们的手中。一个能感受爱、感受幸福的孩子，他的世界是阳光明媚的，他也因此会幸福成长，今后能够幸福地生活和工作，并且让他身边的人快乐、幸福。

“百年大计，教育为本”，教育是发展的永恒课题。作为教师，我们本身就是知识的受益者，深感教育对年轻一代的重要性。滕宇在乡村教育这条路上，一边默默奉献，一边力争上游，把别人用来玩耍的时间充分利用起来，然后一步一个脚印地前进。2016 年，他被贵州省教育厅认定为乡村名师工作室主持人，刚刚拿回来一块牌子，大家都有些茫然，通过认真研读省教育厅的文件之后，才知道这是一个要带动乡村教育发展的重要载体和平台。教育要发展，关键在于教师。工作室就是要把教师培养好，带动更多的学校发展。成立组织机构，聘请工作室顾问，谋划长远发展，开展课堂教学研讨和读书分享交流，慢慢地积累经验，所有人都在这样的团队活动中取得进步和发展。大家都坚信“抱团发展，越走越好”，一群人结伴而行，道路越来越宽阔，越走越有力量。

古人常说，文人相轻。而我们却感受到教育人合作的力量，变成相亲相敬的一群人。申报市级课题，摸着石头过河，开展大量的一线教育实践，并在专家的指导下，扎扎实实地开展课题研究，顺利结题，研究成果用于申报市级教学成果奖，获得二等奖。为了这一路走来的点点滴滴，工作室有一个共同的愿望，就是把近年来的工作进行总结和提炼，出一本属于我们这个团队的教育专著。

教育兴则国家兴，教育强则国家强。当前，乡村教育越来越艰难，面对的留守儿童和问题学生越来越多，需要付出比别人多出若干倍的努力，其中的艰辛只有亲身经历者才会明白。教育是一种静待花开的陪伴，一份清淡执着的坚守。身为教师，要学会从孩子的角度理解与解决问题，并用和善而坚定的方式爱孩子，守望孩子，静待花开。一所学校想要走得更远，必须注重校园文化的延续，让文化根植于师生心中，甚至是融入血液里。教育本身是有规律的，不同于工厂里生产的产品，工序到了就会合格。每个孩子都是种子，只不过每个人的花期不同。有的花，一开始就灿烂绽放；有的花，需要漫长的等待。不要看着别人怒放了，自己的那棵花尚无动静就着急。相信孩子，静等花开。也许，你的种子永远不会开花，因为他是一棵参天大树。路在脚下，无论慢行，还是快跑，无论平坦，还是坎坷，无论荆棘丛生，还是百花盛开，唯有坚持到底，才有可能从此岸到达彼岸，从起点到达更好的远方。

教育永远在路上，课堂教育教学的追求永远在路上。虽然途中难免坎坷、迷茫，但是任何困难都不能阻挡我们前进的脚步。教育人的幸福要靠自己创造，我们的尊严要用付出去赢得。眺望前方，路途崎岖，充满着荆棘，只要愿意挑战，脚步会丈量出最实际的距离。

这本教育专著的出版，凝聚着太多人的心血，感谢那些一直给予我们鼓励和支持的人！

由于时间仓促，加之水平有限，书中难免有误，敬请读者不吝赐教。

编　者

2024 年 10 月 27 日